学校図書館の
役割と使命

学校経営・学習指導にどう関わるか

著者：西巻 悦子

近代科学社Digital

はじめに

　本書は司書教諭講習科目の「学校経営と学校図書館（2単位）」と「学習指導と学校図書館（2単位）」のねらいと内容に基づいた、司書教諭養成のためのテキストです。実際の学校現場での司書教諭の職務遂行に役立つように、かつ、学校図書館学さらには図書館情報学を学ぼうとする際のとりかかりが得られるように、要点を絞ってコンパクトにまとめました。

　私たちを取り巻く暮らしの様相は、急激に変わりつつあります。身近なところでは、電子教科書や電子書籍などは、今や紙媒体と同様に親しまれるものになってきています。学校教育においても、文部科学省は2019年12月に「GIGAスクール構想」を発表し、2023年度までに義務教育段階にある小学1年生から中学3年生の児童生徒向け学習用端末を1人1台とし、高速大容量の通信ネットワークを整備するとしています。

　一方、学校教育を充実することを目的として制定された学校図書館法は、1997年、2014年、と相次いで改正されました。これにより司書教諭が全校配置となり、新たに学校司書という職名ができました。また、新学習指導要領では、「主体的・対話的で深い学び」が掲げられ、各教科での学校図書館の利活用が総則に明示されています。そのような流れの中で、学校現場はもちろん、一般社会でも、学校図書館が学校経営や学習指導に貢献していることが徐々に認識されるようになってきました。

　学校では、客観的な教科内容は教科の専門家である教師が教育課程に則って指導し、教育活動を展開してゆきます。それを図書館メディアによって支援するのが学校図書館であり、学校図書館経営をつかさどる司書教諭です。それでは、司書教諭にはどのようなことが要請され、期待されているのでしょうか。

　現代は、これから先にどのようなことが起きるのか、予測のつかない時代だと言われています。当然ながら、学校教育も社会の変化に対応していかなければなりません。実際に、従来のいわゆる「教え込み」から、学習者が自ら課題を探して自ら解決するという「探究型」の教育方法へと移り変わっています。これに伴い、司書教諭も学習指導をどのように支援してゆくか、どのように学校経営に関わってゆくかという面で、変化に対応し

ていかなければなりません。

　本書のねらいは、司書教諭を目指す方々が実際に学校現場に出たときに、一歩先を見て学校経営に参画し、教師の学習活動と児童生徒の主体的学習を支援することができるように導くことです。そこで、本書では、現場で実際に行われている会計処理や、注目が集まっている評価、また、今後ますます学校現場で導入が進む電子資料についても説明しました。

　本書が、近い将来、司書教諭として活躍なさるだろう皆さんへの応援メッセージになれば幸いです。

謝辞

　本書執筆・刊行にあたり、多くの方々にご指導ご鞭撻を賜りました。筑波大学名誉教授薬袋秀樹先生、筑波大学大学院図書館情報メディア研究科教授平久江祐司先生（故人）、元東京学芸大学教授長倉美恵子先生（故人）には、筑波大学大学院図書館情報メディア研究科後期博士課程在籍中にたいへんお世話になりました。改めて厚く感謝申し上げます。

　なお、近代科学社Digital編集長石井沙知様には、貴重なアドヴァイスと終始変わらぬ励ましをいただきました。ここに厚く御礼を申し上げます。

　最後にICT全般にわたってご指導賜りましたクリエイトアカデミー主宰・宇野修様に改めて厚く感謝申し上げます。

2021年2月

西巻 悦子

目次

第1章　学校経営と学校図書館

第2章　学習指導と学校図書館

第 **1** 章

学校経営と学校図書館

　　第1章は、司書教諭講習科目「学校経営と学校図
書館」の講義内容に対応しています。学校図書館は、
学校教育の充実を支援するという理念を掲げ、学校
経営に積極的に参画し支援するところに意義があり
ます。本章で、学校図書館の組織と活動内容が学校
経営にどのように関わっているのかについて学んで
ゆきましょう。

1.1　学校図書館の意義と目的および理念

　現在の学校図書館の形と活動は、その根拠となる社会的要請と、そもそもの出発点で学校図書館の根拠法である学校図書館法の発令によって整備されてきました[1]。そこで本節では、学校図書館の意義と目的および理念について学びます。学校図書館を法で方向付けしなければならなかったのはなぜか、死文といわれながら、今もってこの法が輝きを持つのはどういうところか、考えてみましょう。

1.1.1　学校教育の意義

　学校教育は、体系的・組織的に行われる教育の制度です。一生に通じる人間形成の基礎として必要なものを共通に習得させるとともに、個人の特性の分化に応じて豊かな個性と社会性の発達を助長します。したがって、学校体系においては、人間の発達過程に応じて精選された教育内容が、個人の特性に応じた教育方法によって指導されなければなりません。

　現代の学校教育においては、児童・生徒が、規律を重んずるとともに、学習意欲を高めることを重視しています。2006年に改正された教育基本法の第1条では、

「人格の完成を目指し、平和で民主的な国家及び人格の完成をめざし、平和で民主的な国家および社会の形成者として必要な資質を備えた心身ともに健康な国民の育成を期して行われなければならない。」

という目的が掲げられています。

　また、学校教育の目的は、学校経営によって具現化されます。学校経営とは、学校における諸活動を計画し、組織編成して教育効果を上げるのにふさわしい教育機関としての学校を運営していく統括の作用をいいます。言うまでもなく、学校図書館の経営も学校経営の範疇に入ります。

1.1.2　学校図書館の目的

　学校図書館の目的は、1953年の学校図書館法成立当初から学校の目的および目標と根本において同一であり、「学校図書館の健全な発達をはかる

ことによって学校教育を充実することである」と明記されています。2014年の改正学校図書館法の第1条にも、成立当初から変わることなく、

「この法律は、学校図書館が、学校教育において欠くことのできない基礎的な設備であることにかんがみ、その健全な発達を図り、もつて学校教育を充実することを目的とする。」

とあります。

「学校教育を充実する」とは、図書館資料の収集、整理、保存、提供という学校図書館の運営を通じて、学校の教育目標の達成に寄与することを意味します。「学校図書館は学校教育に欠くことのできない機関である。その目的は学校教育の基本的目的と一致する。」という考え方は、日本の戦後教育の在り方を方向付けるものでした。

しかし、現代では「学校図書館は学習・情報センターである」という考え方が前面に出てきています。学習指導要領の総則の中でも、

「学校図書館を計画的に利用しその機能の活用を図り、生徒の主体的・対話的で深い学びの実現に向けた授業改善に生かすとともに、生徒の自主的、意欲的な学習活動や読書活動を充実すること。また、地域の図書館や博物館、美術館、劇場、音楽堂等の施設の活用を積極的に図り、資料を活用した情報の収集や鑑賞等の学習活動を充実すること。」

と端的に表されています。直近の2017年改訂ではさらに強調され、小学校・中学校の学習指導要領では「学校図書館を計画的に利用しその機能の活用を図り、生徒の意欲的な学習活動や読書活動を充実すること。」[2]となりました。

1.1.3 学校図書館の理念

学校図書館は、「学校の教育課程の展開に寄与するとともに、児童又は生徒の健全な教養を育成する機関である」と定義されます。したがって、学校図書館には問題の発見とその解決に必要な資料があり、それらは一般的な教養のための資料と不可分です。同時に、学校図書館ではそれらを適切に利用するための指導が必要になります。そのことによって、学校図書館は学習者に批判精神に基づいた自発的学習を促す環境となり、そこにこそ

学校図書館の教育的意義があるのです。

　教育基本法の理念は、真理と正義を愛し個人の尊厳を尊び心身ともに健康な国民を育成することにあるとされ、ヒューマニズムを重視しています。同様に、学校図書館の理念も、人権としての教育を具体化しようとしたところにあります。

1.1.4　生涯学習体系と学校教育

　20世紀以降発展してきた高度情報化社会は、人工知能 (AI) が社会の様相を一変させる第4次産業革命のさなかにあります。工業化以前の社会では、青年期を終えた後の成人期は、人生の3分の1程度の期間でした。現代では、人生100年といわれるほど長い成人期が想定されるようになってきています。今や、長い時間をいかに生きるかということを、学校とは別の枠組みで学び続ける必要性が生じています。

　しかし、学びの基礎が学校教育にあることは自明のことです。児童期や青年期に培った判断力や批判力は、長い生涯を自律的に生ききる力となります。図1-1は読書指導の体系図です。学校教育における読書は、生涯学習者育成の基礎となるものです。人類の知恵の集積である書物に親しむ態度を育成するには、それぞれの発達段階でその時期に適した指導を行い、学習者を訓練する必要があります。従来、日本の学校教育の現場では読書が訓練であることが認識されてきませんでした。楽しむ読書から探究する読書へと導くためには、何らかの刺激や奨励が必要です。個人は生涯読書を通して生涯学習者へと進むことを認識しておいてください。

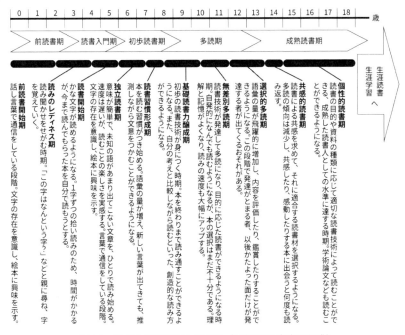

図1-1　子どもの読書能力の発達（文献[3]を参考に作成）

本図中の説明:

0 1 2 3 4 5 6 7 8 9 10 11 12 13 14 15 16 17 18 歳

前読書期　読書入門期　初歩読書期　多読期　成熟読書期

生涯読書・生涯学習へ

前読書開始期
話し言葉で通信をしている段階。文字の存在を意識し、絵本に興味を示す。

読みのレディネス期
読み聞かせをせがむ時期。「この字はなんという字？」などと親に尋ね、字を覚えていく。

読書開始期
意味が簡単で、未知の語があまり出てこない文章を、ひとりで読み始める。速度は遅いが、読むことの楽しさを実感する。言葉で通信をしている段階。

読書習慣形成期
かな文字が読めるようになる。1字ずつの拾い読みのため、時間がかかるが、今まで読んでもらった本を自分で読もうとする。

基礎読書力醸成期
初歩の読書技術が身につく時期。本を終わりまで読み通すことができるようになる。また、自分の考えと比較しながら読むといった、創造的な読み方ができるようになる。

独立読書期
本を読む習慣がつき始める。語彙の量が増え、新しい言葉が出てきても、推測しながら文意をつかむことができるようになる。

無差別多読期
語彙が発達して多読になり、目的に応じて本を読むようになるが、本の選択はまだ不十分である。理解と記憶が良くなり、読みの速度も大幅にアップする。

選択的多読期
語彙の量が飛躍的に増加し、内容を評価したり、鑑賞したりすることができる時期。目的になんでも読むようになる。この段階で発達がとまる者と、以後かたよった面だけが発達する者が出てくるおそれがある。

共感的読書期
読書による共感を求めて、それに適合する読書材を選択する者、読書の傾向は減少し、共感したり、感動したりする本に出会うと何度も読み返す。

個性的読書期
読書の目的や資料の種類に応じて適切な読書技術によって読むことができる、成熟した読書人としての水準に達する時期。学術論文なども読むことができるようになる。

1.2　学校図書館の歴史と発展

本節では、そもそも学校に図書館が置かれなければならないという考え方がどこから来たのかを考えてみましょう。さらに、日本でどのように学校図書館が導入され、どのように発展してきたかを遡ってみてみましょう。

1.2.1　学校図書館の始まり（米国）

学校図書館の歴史は、米国が植民地時代から19世紀前半において独自の教育制度を目指す過程で始まりました。進歩主義教育のジョン・デューイ（John Dewey,1859-1952）は、その著書『学校と社会』[4]において、当時の移民教育としての英語教育と多読指導の流れの中で、日常生活の活動

拠点として図書館は教育を行う上で中心的な場であるとしました。『学校と社会』では、シカゴ大学附属実験学校(Laboratory School)における図書室を図1-2のように示しています。

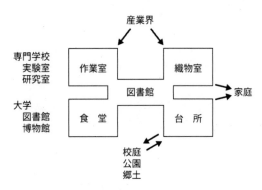

図1-2　シカゴ大学附属実験学校(Laboratory School)における図書室
(文献[4]をもとに作成)

　デューイは「書物は経験を解釈し拡張する上においてはこの上もなく重要なもの」(文献[4]、p.88)と述べ、図書館は学習生活、日常生活の活動拠点としての中心的存在であるとしました。この考え方はその後の教育運動の実践家に受け継がれ、徐々に学校教育の中に学校図書館が位置付けられるようになりました。

　その後、1915年に米国図書館協会(American Library Association ;ALA)にスクール・ライブラリアン部会(School Librarian Section)が創設され、1951年には米国学校図書館員協会(American Association of School Librarians; AASL)と改称されて、現在に至っています。

1.2.2　学校図書館基準の発表による発展

　米国図書館協会および米国学校図書館員協会は、学校図書館の基準を作成・発表し、学校図書館の発展を牽引してきました。1920年にStandard Library Organization and Equipment for Secondary Schools of Different Sizesが基準として採択されたことにより、学校図書館に関する基本的な考えが確立したといわれています。その後、1945年には米国図書

館協会から School Libraries for today and tomorrow ; functions and standards が基準として発表されました。また、1960年に米国学校図書館員協会から発表された Standards for school library programs は、日本でも1966年に『アメリカの学校図書館基準』[5] として全国学校図書館協議会[1]から翻訳・刊行され、日本の学校図書館に大きな影響を与えてきました。

　1988年に、基準 (standard) はガイドライン (guideline) と名称を変え、これ以後、情報リテラシー基準が注目され始めました。情報リテラシーとは情報を使いこなす力のことで、具体的には、情報収集する力、情報を整理分析する力、情報を発信する力です。2004年の International Standards (国際標準) では、情報リテラシーが備わっている人の要素として、次の6点を挙げています。

①情報に対するニーズを認識し、必要とする情報の性質と範囲を決定できる。
②効果的に、そして、能率的に必要な情報を見つけられる。
③情報や情報探索過程を批判的に評価できる。
④収集した情報や、自らの研究などから生み出された情報を管理できる。
⑤より重要で新しい情報を適用して、新しい概念や新しい理解を生み出せる。
⑥理解しながら情報を用い、情報を用いるということの周囲にある文化的・倫理的・経済的・社会的な問題を認識できる。

　また、現在では米国学校図書館員協会が2007年に公表した「21世紀の学習者のための基準」がインターネット上に掲載され、学校図書館関係者だけではなく、学習者である児童・生徒および保護者など一般にも広く知られるようになりました。日本語訳として、全国学校図書館協議会から『21世紀を生きる学習者のための活動基準』[6] が出版されています。基準の背

1.全国学校図書館協議会は1950年に全国の有志教員によって結成され、その後1998年に社団法人となり、2012年に公益社団法人に移行して、現在に至っています。全国学校図書館協議会の中に、各都道府県学校図書館研究団体が組織されています。

景には、以下のような共通認識があります。

- 読書は世界につながる窓である。
- 質問は学習のための枠組みを与える。
- 情報利用における倫理的な振る舞いを教えなければならない。
- テクノロジーに関するスキルは、将来の雇用のために不可欠である。
- （情報への）公平なアクセスは、教育にとって鍵となる要素である。
- 情報リテラシーの定義は、情報資源とテクノロジーの変化にますます複雑化している。
- 情報が拡大し続けていることにより、個々人が自分自身の力で学習するための思考能力を身に付けることが求められている。
- 学習には社会的コンテクストが存在する。
- 学校図書館は、学習スキルの発達にとって必須のものである。

1.2.3　戦後教育改革としての学校図書館運動（日本）

　日本では、戦前にも学校に付随する図書室は各所に見ることができましたが、学校図書館法が公布され、学校図書館が学校教育に位置付けられたのは戦後のことです。学校教育に関する法律の中に、学校に付随する設備としての図書館を規定した単独の法律があるのは、世界でも大変珍しいことです。学校図書館法の具体的な内容については1.3.2項で説明し、ここではその成立・施行の経緯を説明します。

　戦後初期の教育は新教育と呼ばれ、米国の占領政策の影響が大きいものでした。1946年に文部省は「新教育指針」を発表し、自発的学習の推進を説きました。そこでは、学習者の個性や自主性・創造性を重んじる学習においては教科書以外の資料が必要であるとされています。

　1947年には教育基本法が施行され、学校教育法、学校教育施行規則が相次ぎ、学校図書館の根拠法となりました。一方、学校教育の現場でも、多種多様な資料が整備され利用できる図書室の設置が熱望されました。それを受け、教師たちは全国学校図書館協議会を中心として学校図書館法の制定を求め、全国的な運動を展開しました。戦後の教育改革の一つとして展

開されてきた新教育には、学校図書館が必須だったのです。

1.2.4 学校図書館法の成立

　学校図書館法は、1953年7月21日、衆議院本会議において、自由党の辻寛一により提案理由と概要の説明が行われました。辻は、学校図書館は自発的学習態度と個性の伸展と教養の向上に資する必要があること、図書館利用を通じた社会的、民主的な生活態度の涵養など、学校図書館は学校教育において欠くことのできない基礎的な設備であること、学校図書館の目的と設置および運営を規定し、学校図書館が設置されなければならないことを述べました。そして、学校図書館の教職員養成制度の確立を講じ、国庫負担を規定すると説明しました。

　1953年7月24日に参議院文部委員会が開かれ、改進党の町村金五が学校図書館法案の提案理由と概要の骨子を説明しています。衆議院における辻の提案理由の概要とほぼ同文です。さらに、日本社会党の大西正道による補足説明により、資料を収集・整備・提供する学校図書館の設置は必要不可欠で、学校図書館の設備なくしては新教育の十分な効果が期待し得ないと述べられています。

　こうして学校図書館法が成立・施行され、全国の学校に図書館が置かれるようになりました。あわせて、司書教諭という戦前にはなかった学校図書館の専門職を、養成の課題をも含めて制度化しようと試みられました。しかし、学校図書館法では、学校の事情によっては当分の間、司書教諭を置かないことができるとされていたため、図書資料の活用を指導するという学校図書館の本来の在り方はなかなか進展しませんでした。

1.2.5 学校図書館法改正（司書教諭の配置）

　学校図書館法は、数度にわたって改正されました。ここでは、司書教諭に関する影響の大きい1997年の改正を見てゆきましょう。司書教諭は、第5条で「学校図書館の専門的な職務」を掌るものとして定められています。1997年6月11日法律第76号「学校図書館法の一部を改正する法律」によって、次の2点が変わりました。

①第5条第3項中に「その他の教育機関」が加わり、大学以外の教育機関も司書教諭講習を行うことができるようになった。
②附則第2項中の「当分の間」を「平成15年3月31日までの間（政令で定める規模以下の学校にあっては、当分の間）」に改め、司書教諭の発令が義務付けられた。

　これを受けて、2016年度の「学校図書館の現状に関する調査結果」では全体の84.5％に司書教諭が発令されています。

> **［参考］**
> ＜学校図書館法（抄）＞
> 第5条　学校には、学校図書館の専門的職務を掌らせるため、司書教諭を置かなければならない。
> 2　前項の司書教諭は、主幹教諭（養護又は栄養の指導及び管理をつかさどる主幹教諭を除く。）、指導教諭又は教諭（以下この項において「主幹教諭等」という。）をもつて充てる。この場合において、当該主幹教諭等は、司書教諭の講習を修了した者でなければならない。
>
> 附則（抄）
> 2　学校には、平成15年3月31日までの間（政令で定める規模以下の学校にあつては、当分の間）、第5条第1項の規定にかかわらず、司書教諭を置かないことができる。
> ＜学校図書館法附則第2項の学校の規模を定める政令＞
> 学校図書館法附則第2項の政令で定める規模以下の学校は、学級の数（通信制の課程を置く高等学校にあっては、学級の数と通信制の課程の生徒の数を300で除して得た数（1未満の端数を生じたときは、1に切り上げる。）とを合計した数）が11以下の学校とする。

1.2.6　学校図書館法改正（学校司書の名称追認）

　2014年6月20日法律第93号「学校図書館法の一部を改正する法律」によって、学校図書館法に次の2点が変わりました。

①学校司書とその名称が法律上に位置付けられた。
②学校司書の資格・養成および研修について法文に明記された。

　従来、学校図書館の事務職員という位置付けで名称もばらばらだったも

のが、学校図書館において司書にあたる業務を行う職員として「学校司書」という職名が確定しました。2016年度の「学校図書館の現状に関する調査結果」によると、全体の66.6％に学校司書が配置されていますが、自治体によってはいまだに名称変更が進んでいないところがあります。

学校司書は、2014年の改正で加わった学校図書館法第6条で、「専ら学校図書館の職務に従事する職員」と規定されています。ただし、文部科学省は、大学等での司書教諭養成と同じように、学校司書養成のカリキュラムや学校司書の資格を定めることはせず、2016年に大学・短大におけるモデルカリキュラムを示すにとどめるという方針を明らかにしています。

［参考］
＜学校図書館法（抄）＞
第6条 学校には、前条第一項の司書教諭のほか、学校図書館の運営の改善及び向上を図り、児童又は生徒及び教員による学校図書館の利用の一層の促進に資するため、専ら学校図書館の職務に従事する職員（次項において「学校司書」という。）を置くよう努めなければならない。

1.3　教育行政と学校図書館

本節では、我が国に導入されて以来、独自の発展を遂げたといわれる日本の学校図書館について、その枠組みから考えてみましょう。

1.3.1　教育行政における教育行政関連法規の体系

小学校・中学校・高等学校等は、法令に基づき教育活動を行う、地方公共団体が設置する公の施設としての専門的教育機関です。法律の実際の適用には、法律に則った柔軟かつ的確な判断、つまりリーガル・マインドが必要だといわれます。教育の専門家である教師は、法律によって作られた制度によって、児童・生徒の未来を左右する営みを行っているのです。

学校に関わる法制度は、上位法の憲法から下位法の告示まで明文化されています。図1-3のような系統図で理解しておきましょう。

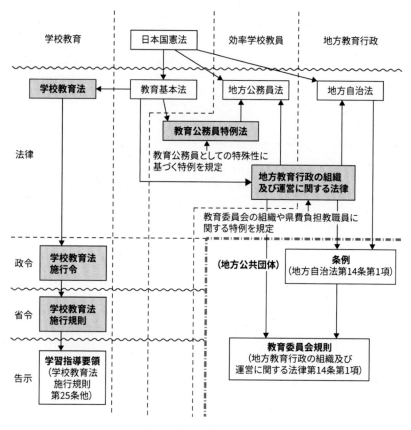

図1-3　学校に関わる法制度

1.3.2　学校図書館法の内容

　1.2.4項で説明したとおり、学校図書館法は、戦後米国による占領政策が進む中で、子どもに読書をという気運が高まり、1953年に議員立法によって成立した法律です。第1章は総則で、内容は以下の通りです。

第1条　法律の目的
第2条　学校図書館の定義
第3条　学校図書館の設置義務

第4条　学校図書館の運営
第5条　司書教諭
第6条　学校設置者の任務
第7条　国の任務

　第2章には学校図書館審議会に関する規定、第3章に国庫負担に関する規定が置かれました[2]。学校図書館が学校教育に欠かすことのできない設備として明文化され、学校図書館は学校の心臓であるということが明確に示されたのです。

　1997年の改正により、12学級以上の学校には司書教諭が配置されることとなりました。この背景には学校教育における情報化の進展があります。蔵書のデータベース化や物流ネットワークによる資料の共同利用などによって、学校図書館の活用がさらに進み、その管理をつかさどる司書教諭の役割が重視され、配置が義務付けられたのです。

　2014年の改正では、1.2.6項で説明したとおり第6条に学校司書の規定が加わり、当初の7条から、8条と附則という形になりました。これによって、制度上、学校司書という名称が明確に位置付けられました。

1.3.3　学校司書の法制化による司書教諭と学校司書の協働の具現化

　学校図書館関係法規における司書教諭と学校司書の設置根拠と、学校における位置付けについて、学校図書館を管轄する文部科学省は表1-1のように説明しています。

　ここで明確にされているのは、司書教諭は教育職ですが、学校司書の主な活動は、事務的な方面での教育支援であるということです。つまり、司書教諭と学校司書の協働や連携をどのように構築するかということが重要な課題になってきます。

　司書教諭は、学校図書館法第5条により「学校図書館の管理を掌る」とされ、学校司書は、学校図書館法第6条により「学校図書館の運営の改善及

2.1966年の改正で第3章は削除され、これによって学校図書館に関する国庫補助の規定が全て削除されました。

表1-1　文部科学省「「司書教諭」と「学校司書」及び「司書」に関する制度上の比較」
（文献[7]より抜粋）

	司書教諭	学校司書	司書
設置根拠	・学校図書館法第5条第1項、附則 ・学校図書館法附則第二項の学校の規模を定める政令 〜12学級以上の学校には必ず置かなければならない。(11学級以下の学校については、当分の間、設置を猶予。)	・学校図書館法第6条第1項 〜置くよう努めなければならない。	・図書館法第4条 〜必ず「置かなければならない」とまではされていない。
位置付け	【業務】 ・学校図書館の専門的職務を掌る。 【職種】 ・主幹教諭、指導教諭又は教諭をもって充てる。《学校図書館法第5条第2項前段》	【業務】 ・専ら学校図書館の職務に従事する。 【職種】 ・学校事務職員《学教法第37条第1項・第14項等》(又は「その他必要な職員」《学教法第37条第2項等》)に相当。	【業務】 ・図書館の専門的事務に従事する。

び向上を図り、児童又は生徒及び教員による学校図書館の利用の一層の促進に資するため、専ら学校図書館の職務に従事する」とされています。しかし、具体的・実際的な業務について規定されているわけではありません。

　全国学校図書館協議会のウェブサイト[8,9]には、司書教諭の活動として、学校図書館経営の方針、年間運営計画の立案、研修計画の立案、学校図書館組織の編成、規則・基準類の作成、学校図書館評価、読書指導への協力・支援、学習指導への協力・支援、情報活用能力育成指導への協力・支援、児童生徒図書館委員会の指導などが挙げられています。一方、学校司書の活動としては、主に貸出・返却、予約、リクエスト、館内整備、掲示・展示、レファレンスサービス、情報の提供、図書の紹介、広報紙の作成、ホームページの作成・更新、コンピュータ等の管理的活動などが挙げられています。

　以上のように、司書教諭の活動は学校図書館の経営が中心であり、児童生徒への教育活動として行われています。一方、学校司書が担うのは学校図書館の管理的な活動が主であり、教育活動を直接に担うわけではなく、教育活動を支援するものです。ICT環境の整備やコンピュータの整備等、情報端末の管理を行うことも求められています。

　このように、学校図書館活動は司書教諭が1人で行うわけではなく、学校図書館の組織として学校司書や係教諭と業務を分担し、協働して行いま

す。経営活動と管理活動を通じて、協働を具体的に形にしてゆくことが必要です。司書教諭と学校司書の連携による学校図書館活動は、学校図書館が学校教育充実に貢献するための土台なのです。

　そこで、一つの提案として、学校図書館スタッフの部屋に司書教諭と学校司書の机を置き、お互いの仕事内容が分かるようにしておくことをお勧めします。工夫できることはほかにもいろいろありますが、まずは司書教諭が学校司書とコミュニケーションを密にして仕事をすることから始めましょう。

1.4　学校図書館の経営および機能と司書教諭の職務

　本節では、学校図書館経営における経営概念と、ヒト・モノ・カネという経営の3要素のうち、ヒトである司書教諭の具体的職務と、カネつまり会計管理について見てみましょう。

1.4.1　学校経営および学校図書館経営における経営概念

　経営の3要素は、ヒト・モノ・カネ（人・物・金）です。企業の場合、それらを通して効果的に運営し利益を上げていくことを目指しますが、学校経営や学校図書館経営では、利益ではなく、教育効果を上げていくことを目指します。

　学校経営は、学校教育目標を具現化するための営みです。文部科学省は、新しい学習指導要領等で、育成すべき資質・能力として以下の3点を挙げています。

①何を知っているか、何ができるか（個別の知識・技能）
②知っていること・できることをどう使うか（思考力・判断力・表現力等）
③どのように社会・世界と関わり、より良い人生を送るか（学びに向かう
　力、人間性等）

　学校図書館は、学校図書館法第1条（この法律の目的）に
「この法律は、学校図書館が、学校教育において欠くことのできない基礎
的な設備であることにかんがみ、その健全な発達を図り、もつて学校教育
を充実することを目的とする。」
とあるように、学校経営を支援することを大前提としています。しかし、
学校図書館はその経営において、個々の学校の経営とは別に、憲法に保障
された学問の自由その他に関わって、その独立性を保持することも忘れて
はなりません。

1.4.2　学校図書館の経営

　学校図書館経営には、次の7つの観点が重要です。

①学校図書館の目的・機能
②学校図書館の運営
③学校図書館の利活用
④学校図書館に携わる教職員等
⑤学校図書館における図書館資料
⑥学校図書館の施設
⑦学校図書館の評価

　特に、②学校図書館の運営においては、文部科学省が2016年に通知し
た「学校図書館ガイドライン」[10]で次のように説明しています。

・校長は、学校図書館の館長としての役割も担っており、校長のリーダー
　シップの下、学校経営方針の具現化に向けて、学校は学校種、規模、児
　童生徒や地域の特性なども踏まえ、学校図書館全体計画を策定するとと
　もに、同計画等に基づき、教職員の連携の下、計画的・組織的に学校図
　書館の運営がなされるよう努めることが望ましい。例えば、教育委員会
　が校長を学校図書館の館長として指名することも有効である。
・学校は、必要に応じて、学校図書館に関する校内組織等を設けて、学校

　図書館の円滑な運営を図るよう努めることが望ましい。図書委員等の児童生徒が学校図書館の運営に主体的に関わることも有効である。

・学校図書館は、可能な限り児童生徒や教職員が最大限自由に利活用できるよう、また、一時的に学級になじめない子どもの居場所となり得ること等も踏まえ、児童生徒の登校時から下校時までの開館に努めることが望ましい。また、登校日等の土曜日や長期休業日等にも学校図書館を開館し、児童生徒に読書や学習の場を提供することも有効である。

・学校図書館は、学校図書館便りや学校のホームページ等を通じて、児童生徒、教職員や家庭、地域など学校内外に対して、学校図書館の広報活動に取り組むよう努めることが望ましい。

・学校図書館は、他の学校の学校図書館、公共図書館、博物館、公民館、地域社会等と密接に連携を図り、協力するよう努めることが望ましい。また、学校図書館支援センターが設置されている場合には同センターとも密接に連携を図り、支援を受けることが有効である。

　以上のような学校図書館の運営や、ヒトとカネも含めた学校図書館経営は、前述した学校図書館法により司書教諭に委ねられています。

1.4.3　司書教諭の職務

（1）学校図書館の機能と司書教諭の職務

　学校図書館の利活用を促進するには、学校図書館の機能を知ることが重要です。学校図書館の機能として、次の3つが挙げられます。

①学習センター機能

　学校図書館は、学習指導要領で定められた言語活動の充実や、授業に必要な資料の整備等学習支援を行います。図書館資料を使って授業を行うなど、教科等の日常的な指導において活用されます。教室での授業で学んだことを確かめる、広げる、深める、資料を集めて読み取る、自分の考えをまとめて発表するなど、児童生徒の主体的な学習活動を支援します。

②読書センター機能

　学校図書館は、児童生徒の創造力を培い、学習に対する興味・関心等を呼び起こし、豊かな心を育む、自由な読書活動や読書指導の場です。学校教育の一環として、全ての子どもに本を選んで読む経験、読書に親しむきっかけを与えます。子どもたちが自由に好きな本を選び、静かに読みふける場を提供し、さまざまな本を紹介して、読書の楽しさを伝えることが重要です。

③情報センター機能

　学校図書館は、情報活用能力を育むための支援を行います。利用指導等の取り組みを通じ、情報の探し方・資料の使い方を教えます。児童生徒が学習に使用する図書資料や、児童生徒による学習の成果物などを蓄積し、活用できるようにします。今日では学校図書館の図書資料はインターネットによるウェブ情報、教育用ソフト等も学校図書館メディアとして総称されます。このことは後で詳しく説明します。

　学校図書館の利活用にあたっては、司書教諭が授業を行う場合や支援をする場合があります。授業としては読書指導、学習指導、情報活用能力育成指導が挙げられますが、関連して各教科への協力や支援も重要です。また、児童生徒図書委員会の指導もあります。

　上記のような学校図書館の機能を踏まえ、司書教諭は、学校司書、学校図書館係教師はもとより、学校長、教科教諭等、学校教育に携わる全ての人との協働のもとに職務を遂行する必要があります。司書教諭の具体的な職務としては、以下のようなものが挙げられます。

・学校図書館経営方針の立案
・学校図書館経営・運営計画の立案
・研修計画の立案
・学校図書館組織の編成
・規定・基準類の作成
・学校図書館評価

・校内・校外組織との連絡・調整
・学校図書館の会計

(2) 学校図書館の会計および事務的手続き・引継ぎ等

　学校図書館は、他の校務分掌と同様に、適正な会計処理を行うことにより適切な経営判断を行う必要性があります。例えば図書資料は、「図書」としての固定資産です。費消的支出として取得した年度ごとに費用を計上し、次に挙げる帳簿に記録します。

・図書原簿
　図書台帳、受入原簿などとも呼ばれる図書館に受け入れられた図書を受け入れ順に記録した帳簿。

・除籍簿
　一度受け入れた図書を目録から登録抹消したことを記録した帳簿。

・備品台帳
　繰り返し使用できる備え付けの物品である備品を管理する書類。

　全てに説明責任が求められているので、いつでも説明ができるよう、分かりやすいところに保管しておきましょう。

(3) 図書の受け入れから配架まで

　以下では、図書の受け入れから配架までを順を追って見てゆきましょう。

①図書の選定
　校内の図書選定委員会を開き、学年の希望、職員図書の希望などを取りまとめ、蔵書構成を考えながら購入図書の選定をします。

②図書の発注

　書店を通して計画的に発注します。予算の関係で年に数回行わなければ
ならないこともあります。また、注文した本がない場合も考えられるので、
その後の処理についても決めておくとよいでしょう。

③図書の検収

　図書が入荷したら、直ちに検収しましょう。過不足の調査、未着図書の
処理なども行って、整理作業の計画を立てます。

④新着図書の手当

　入荷した図書のブックカバーやブックケースなど余分なものを除去した
り、補強したりして閲覧しやすくします。

⑤登録番号の付与

　番号は、購入・寄贈・組替え等の受け入れ種別に関係なく、受け入れ年
月日順に、各冊に1から始まる通し番号を付することが一般的です。全集
や、同一の本が複数冊ある場合も、異なる番号を付与しなければなりませ
ん。また、後日、除籍等で欠番になっても、他の図書をあてはめないよう
にします。現在は受け入れた順に登録番号を付与し、コンピュータによっ
て管理するので、そのまま連番で入力していけば問題ありません。

⑥配架

　書架への配架の原則は、以下の通りです。
・左から右へと並べる。
・上段から下段へと並べる。
・ぎっしりと並べずに、出し入れがしやすいように、また、劣化の原因に
　なってしまわないように、ゆとりを持たせて並べる。

　学校図書館は、図書を長い年月にわたって保管することではなく、利用
を促すことを主眼としています。児童生徒および教師にとって常に魅力あ
る図書館、かつ学校教育の展開に寄与することのできる図書館であるため
には、一冊一冊内容の吟味された図書を購入すると同時に、破損や汚損が

著しく読書意欲を失わせるような図書などの払出し（除籍して廃棄すること）を積極的に行う必要があります。次のような場合です。

・毀損払出し（破れたなどで物理的に使用できなくなった本を除籍し、廃棄すること）
・亡失払出し（返却されずになくなってしまった本を除籍にすること）
・廃棄払出し（年数が経って学術的内容が変化したものを除籍し廃棄すること）
・学習参考書または学習の解説的図書などで、教育課程の改訂などによって内容の扱いが変更された場合
・耐用年数を経て、児童生徒の読書意欲をそそらない場合

　ただし、郷土資料に関する図書や入手しにくい貴重図書などは、廃棄しないようにしましょう。

1.5　学校経営と学校内組織

　学校図書館が学校教育を支援するときには、学校内組織の一部として働きかけをします。本節では、校内組織のありようと学校図書館組織の作り方、他組織との連携を見ながら、活動内容の詳細を学んでゆきましょう。

1.5.1　学校経営と学校内組織

　学校図書館経営は司書教諭がつかさどることと定められていますが、学校図書館には、司書教諭のほかに学校司書、図書館担当教諭がいます。そこで、学校の校内組織において司書教諭がどこに位置付けられるかが重要なのです。

　学校内には、校務を円滑に遂行するために校内組織が形成されています。組織には経営概念（組織マネジメント）が導入されているということは、1.4節で述べました。校内組織は、一般的に図1-4、1-5のように表すこと

ができます。

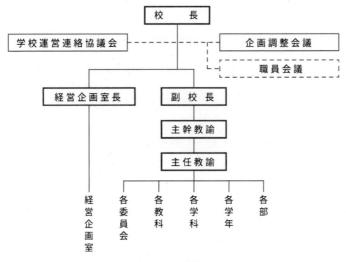

図1-4　校内組織図の例

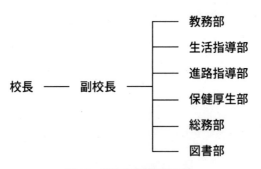

図1-5　校務分掌組織図の例

　組織形成の意義は、コミュニケーションの充実、協働的な関係の形成、支援的な要素の発見と活用、それらを推進する手法やスキルの獲得にあるといわれます。司書教諭は分掌の一員でもあり、教科教諭でもあり、担任でもあります。ですから、司書教諭は学校図書館経営をつかさどるという立ち位置をしっかり持ちながら、管理職や他分掌、他教科等と積極的にコ

ミュニケーションを取るようにし、学校図書館活用支援から協働的な関係
の形成に努めたいものです。

1.5.2　学校経営意識の変化

（1）PISAショックによる学校教育の変化

　PISA(Programme for International Student Assessment)は、
2000年からOECD（Organisation for Economic Co-operation and
Development、経済協力開発機構）により実施されている、読解力・数学
的リテラシー・科学的リテラシーにおける国際学力調査のことです。PISA
における読解力の定義は、「自らの目標を達成し、自らの知識と可能性を発
達させ、効果的に社会に参加するために書かれたテキストを理解し、利用
し、熟考する能力である」とされています。
　PISAは、各国や日本の教育界に大きな影響を与えてきました。日本に
おいては、2003年のPISA調査の結果が2000年調査の結果より落ちたこ
とを問題とした、いわゆるPISAショックの影響が、学習指導要領の改訂と
いう教育課程政策に顕著に見られます。
　2008年の学習指導要領の改訂では、「発展的な内容を教えてはならない
という趣旨ではなく、全ての子供に共通に指導するべき事項ではないとい
う趣旨」を徹底させるために、学習指導要領では各教科における「（……
の）事項は扱わないものとする」という「はどめ規定」が削除されました。
また、言語活動の充実を教科横断的に位置付けたことは、PISAの読解力低
下と活用型教育の必要を理由とした、PISA型学力への積極的な対応である
と考えられています。

（2）情報活用能力の育成

　小学校では2020年度、中学校では2021年度から、新学習指導要領が全
面実施されます。高等学校では、2022年度から学年進行で実施されます。
　新学習指導要領では、情報活用能力を、言語能力と同様に「学習の基盤
となる資質・能力」と位置付けています。そのために、各教科等の特性を

生かし、教科等横断的な視点から教育課程の編成を図るものとする旨が明記されました。情報活用能力は、

「より具体的に捉えれば、学習活動において必要に応じてコンピュータ等の情報手段を適切に用いて情報を得たり、情報を整理・比較したり、得られた情報を分かりやすく発信・伝達したり、必要に応じて保存・共有したりといったことができる力であり、さらに、このような学習活動を遂行する上で必要となる情報手段の基本的な操作の習得や、プログラミング的思考、情報モラル、情報セキュリティ、統計等に関する資質・能力等も含むものである。」[11]

とされています。

　情報には図書やインターネット、新聞など、さまざまなものが含まれます。学校図書館は、学校図書館法により学校教育の充実に資する情報を提供する設備と定義されている場ですから、児童生徒や教員がICT（Information and Communication Technology、情報通信技術）を利活用できる環境を整備することが必要です。

1.5.3 学校図書館の位置付け

（1）学校経営における学校図書館の認知

　「学校教育を充実することを目的とする」学校図書館が、新学習指導要領が目指す学校教育を支援してゆくには、学校経営において学校図書館をどのように位置付けるかが課題となります。

　学校図書館が置かれている状況は、学校の構成員や地域によって異なりますが、学校図書館メディアと人の問題は共通しています。そして、最も大きな課題は、学校図書館が学校教育を充実させるために役立つものであることを、学校の内外に知ってもらうことなのです。

　従来の学校教育では、教科書以外のメディアや情報を活用した教育実践への取り組みが弱く、学校図書館メディアとICTを活用した教育が乖離して、学校図書館の存在にあまり関心が向きませんでした。その理由として、知識伝達型教育の進行、学習指導要領による学習内容の画一化、標準化、過密化などが指摘されています。つまり、学校内部で司書教諭が学校経営

に参画し、学校図書館メディアを活用したICT教育などについて広報し、リーダーシップを発揮できるような、「授業に役に立つ学校図書館」という認識が、学校全体で共有されてこなかったということです。

　今後、司書教諭は、学校図書館という組織のリーダーとして学校経営に参画し、積極的に授業に役立つ学校図書館をアピールしていく必要があります。

（2）学校経営における学校図書館組織の位置付け

　学校図書館を学校経営の中心と考える場合、独立した学校図書（館）部の存在が想起されます。しかし実際には、学校図書館を担当する分掌は学校図書館という名称を持たない校務分掌の中の一部であることが、比較的多く見られます。

　一般に学校図書館組織の類型は、主に次の3つに分けることができます。

①独立型

　図書（館）部、図書視聴覚部など。独自性を発揮しやすい。

②組み込み型

　教務部、研修部などに組み込まれている。自主性を発揮しにくいが、多数派の強みがある。

③委員会型

　学校図書館運営委員会など。学校図書館を担う中心的存在が不明確になりやすいが、全体から意見を集めることが可能になる。

　現行学習指導要領の総則にもあるように、どの教科でも学校図書館の利活用が明記されている以上、学校経営における学校図書館は学習指導上の要として位置付けられ、司書教諭を中心として他分掌との協働的・支援的な関係を形成することが必要になります。したがって、司書教諭は学校経営組織に学校図書館組織を位置付けるよう働きかけることが大切です。

1.5.4　学校図書館担当者の役割と連携

　文部科学省の2016年「学校図書館ガイドライン」では、学校長は
「学校図書館の館長としての役割も担っており、校長のリーダーシップの
下、学校経営方針の具現化に向けて、学校は学校種、規模、児童生徒や地
域の特性なども踏まえ、学校図書館全体計画を策定するとともに、同計画
等に基づき、教職員の連携の下、計画的・組織的に学校図書館の運営がな
されるよう努めることが望ましい。」
とされています。

　このことから、司書教諭は学校長をはじめとした学校図書館に関わる全
ての人をつなぎ、連携と協働に導くためのコーディネーターであるといわ
れています。開かれた学校づくりに、司書教諭の存在は欠かせません。そ
れは司書教諭が専門的職務をつかさどるからです。

　今日では学校図書館にもICT環境が整備されるようになり、司書教諭は
メディア専門職として、教育的指導に関する取り組みの提案や実施および
その評価も行うことを視野に入れなければなりません。そこで、他の校務
分掌との緊密な連携協力が必要となるのです。

1.5.5　司書教諭の職位の意識化

　学校図書館法第5条2項において、
「前項の司書教諭は、主幹教諭（養護又は栄養の指導及び管理をつかさど
る主幹教諭を除く。）、指導教諭又は教諭（以下この項において「主幹教諭
等」という。）をもって充てる。この場合において、当該主幹教諭等は、司
書教諭の講習を修了した者でなければならない。」
と明記されています。

　では、主幹教諭とはいったいどのような職位にあるのでしょうか。学校
教育法第37条9項によって主幹教諭は、
「校長（副校長を置く小学校にあっては、校長及び副校長）及び教頭を助
け、命を受けて校務の一部を整理し、並びに児童の教育をつかさどる。」
とされています。

　主幹教諭は、図1-4の校内組織図に見られるように、学校長・副校長と

主任教諭や教諭との間に位置する職位です。したがって、司書教諭は、学校長・副校長と主幹教諭および主任教諭による学校経営企画会議において、学校図書館活用推進を提言し推進してゆくべき職位にあること、または、その意識を持って学校図書館経営を行うべき立場であることを意識しておく必要があります。学校経営企画会議において、学校図書館活用推進を提言し推進してゆくことは、司書教諭が果たすべき役割なのです。

1.6　学校図書館と情報メディア

　本節では、学校図書館が従来の紙ベースの資料を扱うという概念から抜け出し、情報化の流れの中でどのように活動内容を充実させているか、また学校図書館活用のさらなる発展にはどのような指導が求められているかを考えてみましょう。

1.6.1　学校図書館メディア

　学校図書館メディアは以下のように大別されます。

①印刷メディア
　図書（一般図書）、教科書と学習参考書、実用書・技術書、参考図書（百科事典、辞典、専門事典、年鑑・統計・白書、図鑑、年表、地図等）、絵本、地域資料、逐次刊行物（雑誌、新聞）等、印刷された出版物を指します。これらは読書や調べ学習に必要なメディアです。

②視聴覚メディア
　CD、ビデオテープ、スライド等を指します。調べ学習等に必要なツールです。

③放送通信メディア
　テレビ、ラジオ、電話等を指します。調べ学習等に必要なツールです。

④コンピュータメディア

　CD-ROM、インターネットによるウェブ情報、教育用ソフト等を指します。調べ学習等に必要なツールです。

　これらのうち①印刷メディアおよび②視聴覚メディアは、デジタル化が進んでいます。情報メディアは高次元で相互に融合されている分野も多く、技術の発達に伴って流動的です。

1.6.2　学校図書館メディアの著作権と複製

　ネットワーク社会において学校図書館メディアを活用する際に、他者への配慮を考え、著作権について知ることは大変重要なことです。著作権法[12]第1条に
「著作者等の権利の保護を図り、もつて文化の発展に寄与することを目的とする。」
とあるように、人類の文化を学ぶ学校図書館では、特に気を付けなければなりません。具体的な複製や引用のルールを指導するのは、司書教諭の役目です。
　著作権法第35条に
「学校その他の教育機関（中略）において教育を担任する者及び授業を受ける者は、その授業の過程における使用に供することを目的とする場合には、必要と認められる限度において、公表された著作物を複製することができる。ただし、当該著作物の種類及び用途並びにその複製の部数及び態様に照らし著作権者の利益を不当に害することとなる場合は、この限りでない。」
とされているように、学校その他の教育機関では、必要と認められる限度において、著作権者の許諾を得ることなくコピーして利用できます。
　さらに、授業を行う教師や学習者である児童生徒が個人的に購入して持っている資料の場合には、公表された著作物であること、非営利の催しとして行われること、著作物を見たり聞いたりする者から料金を徴収しないこと、上演・演奏・口述をする者に報酬が支払われないことという制限の範

疇で、児童生徒に見せることができます。

1.7 学校図書館を取り巻く環境整備

本節では、学校図書館における情報メディアの活用指導を推進する背景にある、国レベルの施策を見てゆきましょう。それを受けて、学校図書館を取り巻く環境はどのように変化してきたのでしょうか。学校図書館を支援する環境の変化を、公共図書館による学校図書館支援とその事例からも見ておきましょう。

1.7.1 国レベルの学校図書館活用指針

(1)「これからの学校図書館の活用の在り方等について」

2009年3月に、子どもの読書サポーターズ会議は「これからの学校図書館の活用の在り方等について」報告書を公表しています。そのIVにおいて、学校図書館の活用高度化に向けた視点と推進方策として、次の6つの視点を設定しています。

視点①：学校図書館が中心となり、学校の読書活動を多様に展開する。
視点②：家庭や地域における読書活動推進の核として、学校図書館を活用する。
視点③：「学び方を学ぶ場」としての学校図書館の整備を進める。
視点④：学校図書館の教員サポート機能を充実させる。
視点⑤：「いつでも開いている図書館、必ず誰かいる図書館」を実現し、「心の居場所」となる学校図書館づくりを進める。
視点⑥：放課後の学校図書館を地域の子どもたち等に開放する。

これらは、2001年の「子どもの読書活動の推進に関する法律」施行、2005年の「文字・活字文化振興法」施行を受け、国レベルの学校図書館活用指針として示されました。

（2）子どもの読書活動の推進に関する法律

　「子どもの読書活動の推進に関する法律」は、子どもの読書離れに対する懸念等を背景に、2000年の「子ども読書年」を契機として、2001年11月に議員立法で「子どもの読書活動の推進に関する法律」として公布・施行されました。

　全国にある大多数の公共図書館では、

第9条（都道府県子ども読書活動推進計画等）

　都道府県は、子ども読書活動推進基本計画を基本とするとともに、当該都道府県における子どもの読書活動の推進の状況等を踏まえ、当該都道府県における子どもの読書活動の推進に関する施策についての計画（以下「都道府県子ども読書活動推進計画」という。）を策定するよう努めなければならない。

第10条（子ども読書の日）

　国民の間に広く子どもの読書活動についての関心と理解を深めるとともに、子どもが積極的に読書活動を行う意欲を高めるため、子ども読書の日を設ける。

の主旨に基づき、4月23日の子ども読書の日またはその前後に、子どもを対象とした読書に関するイベントなどを実施しています。また、文部科学省による「子どもの読書活動優秀実践校」表彰等が行われるほか、各地で子どもと読書に関する催しが行われます。同法の影響によって、子どもたちが読書と出会う機会が格段に増加したことは確かだといわれています。

（3）文字・活字文化振興法

　文字・活字文化振興法は、国民の間に広く文字・活字文化についての関心と理解を深めることを目的として、2005年7月に公布・施行されました。読書週間の初日にあたる10月27日に「文字・活字文化の日」として記念日が設けられ、各地でさまざまな行事が行われています。

　同法の成立を受けて、国は地域における文字・活字文化の振興や、学校教育における言語力の涵養等の施策を実施しています。また、民間レベルでも、2007年に設立された公益財団法人文字・活字文化推進機構を中心に、さまざまな取り組みがなされています。

1.7.2　公共図書館による学校支援サービス

　1950年に制定され2019年に改正された図書館法では、第3条において、図書館は、
「図書館奉仕のため、土地の事情及び一般公衆の希望に沿い、更に学校教育を援助し、及び家庭教育の向上に資することとなるように留意」
することを定め、第3条の第4号で
「他の図書館、国立国会図書館、地方公共団体の議会に附置する図書室及び学校に附属する図書館又は図書室と緊密に連絡し協力し、図書館資料の相互貸借を行うこと」
と、公共図書館と学校との連携・協力関係を築くように規定しています。これを踏まえ、公共図書館はさまざまな学校図書館を支援し、さらに学校図書館間の連携・協力についても支援しています。

　それではなぜ、公共図書館と学校図書館、また学校図書館間で連携協力の必要があるのでしょうか。その理由として、以下の3点が挙げられます。

①教育機関としての役割を果たすため
②奉仕機関としての役割を果たすため
③発展的学習や子どもの読書活動を支援するため

　学校図書館の連携協力の具体的な在り方は、以下の通りです。

①物の共有：現物資料の貸借、分担収集
②情報の共有：目録情報やレファレンス事例の共有
③知識の共有：担当者間の連絡、研修会や講習会における技術習得、情報交換

　2006年に文部科学省から発表された「これからの図書館像─地域を支える情報拠点をめざして─（報告）」では、「これからの図書館サービスに求められる新たな視点」として、「学校との連携・協力課題解決支援の一環としての学校教育支援」が挙げられています。総合的な学校支援サービスへの取り組み、公共図書館と学校図書館の協同による新たな図書館活動への取り組みが示されました。

　文部科学省は2013年から「子供の読書活動優秀実践校表彰」[13]を行っており、2018年には、東京都立砂川高等学校が文部科学大臣表彰を受賞しています。当時司書教諭だった伊東先生は、まず教科の先生方に図書館活動を知ってもらうことから始め、さらに地域の公共図書館による学校図書館支援サービスに相談し、読み聞かせ出前の協力を得て、その後に砂川高等学校図書館のウェブサイト[14]にあるような一連の読書活動を展開していったそうです。

　社会科教諭として司書教諭受任後、自分にできることは何かを考えた末に、肩肘張らずに同僚に話しかけると、意外にすんなりと協力者が現れたとのことで、国レベルの施策、地域の公共図書館、学校図書館の見事な連携例です。

1.8　学校図書館の教科支援

　本節では司書教諭が学校図書館活用を通して行う教科支援を説明します。

1.8.1　司書教諭の役割

　学校図書館が教科支援を行うには、次の3点が重要な課題になります。

①教科の支持を得て連携すること。
②司書教諭自身が自分の役割を意識化しておくこと。
③学校図書館ボランティアを組織して学校図書館への理解を深めてもらい、協力してもらうこと。

　司書教諭の役割は、学校での読書活動や学校図書館を活用した授業の支援です。教科の教育活動をより効果的で充実したものとするために、児童生徒および教職員のニーズに応じた、調和の取れた蔵書構成の図書館資料を提供することは、コーディネーターとして特に重要な役割です。

　学習指導要領改訂にあたって、文部科学省は2015年に「学習指導要領等の理念を実現するために必要な方策」の中で「教育内容と、教育活動に必要な人的・物的資源等を、地域等の外部の資源も含めて活用しながら効果的に組み合わせること。」と述べています。物的資源の中には当然、図書館資料も含まれています。教科横断的な活動にあたっては、司書教諭はどのような資料を提供し、どのような支援をするべきかについて、教科担任と連携協力し、積極的に関わってゆく必要があります。

1.8.2　学校内組織における教科との連携

　2016年に文部科学省は「学校図書館の整備充実について（通知）」の「学校図書館ガイドライン」において、学校長の学校図書館における役割を「学校図書館の館長」としています。

　学校長は学校企画委員会等で学校経営を検討し、学校図書館に関しては、図書館運営委員会や図書館部等が図書館運営計画を立て、学年各分掌、事務室と共に学校教育の目的に沿った運営を遂行します。そこで、各教科との連携が重要になります。「学校図書館ガイドライン」に
「学習指導要領等を踏まえ、各教科等において、学校図書館の機能を計画的に利活用し、児童生徒の主体的・意欲的な学習活動や読書活動を充実するよう努めることが望ましい。その際、各教科等を横断的に捉え、学校図書館の利活用を基にした情報活用能力を学校全体として計画的かつ体系的に指導するよう努めることが望ましい。」
とあるように、学校長のリーダーシップのもと、司書教諭は教科横断的な学習が可能になるような方策を考えなければなりません。

1.8.3　学校図書館年間指導計画の策定

　学校図書館の年間指導計画は、法的に作成が義務付けられているもので

はありませんが、学校図書館を円滑に運営してゆくにあたって必要となる文書です。2016年の「学校図書館の整備充実について（通知）」では、「学校は、教育課程との関連を踏まえた学校図書館の利用指導・読書指導・情報活用に関する各種指導計画等に基づき、計画的・継続的に学校図書館の利活用が図られるよう努めることが望ましい。」
とされています。

　学校図書館の年間指導計画作成の作成においては、授業のねらいを明確にした上で、どのような学習活動や読書活動を行うか、どのような図書資料を使用するかを、具体的に記入・更新していくことが重要です。これにより、各教科等において、学校図書館の機能を計画的に利活用することができます。また、児童生徒の自主的・自発的な学習活動や、読書活動の充実を図ることに貢献します。

　以下は、学校図書館の年間指導計画作成の際の留意点です。また、例を表1-2に示します。

①学校全体の教育活動との関連を示す。
②地域や学校、児童生徒の実態等に応じて活動する。
③日常生活との関わりを重視する。
④他者との関わりに関する視点を持つ。
⑤各教科の知識技能等を相互に関連付ける。
⑥目標やねらいを踏まえた適切な学習活動を行う。
⑦名称については、各学校において定める。
⑧道徳の時間などとの関連を考慮する。

表1-2　学校図書館の年間指導計画の例

令和〇年度　　学校図書館年間指導計画例　　　　〇〇中学校

分類	学年	4月	5月	6月	7月	8月	9月	10月	11月	12月	1月	2月	3月
図書館活用		利用指導	情報モラル	著作権	レポート作成の方法		プレゼンの方法					記録と管理の方法	
教科等での活用	1年	辞典・事典の使い方（国語）					名画の模写（美術）						
	2年	近世の日本と世界（社会）			数学を読もう（数学）			音楽家の生涯（音楽）					
	3年	健康と環境（保体）											
総合的な学習の時間	1年	新しい環境を生きる	自分とはを考える				地域の中で生きる						
	2年	社会に生きる	未来を考える				未来を拓く						
	3年	修学旅行の取り組み					世界を学ぼう						
図書委員会			活動計画決定	図書委員会活動									
図書館連携		地域公共図書館・図書館関連機関との打ち合わせ	地域公共図書館・図書館関連機関との連携										

1.8.4　学校図書館ボランティア

　近年、学校活動を地域全体で支える環境の整備が進められ、学校図書館活動においても、ボランティアに読み聞かせや学校図書館の環境整備などをお願いすることが増えてきています。学校図書館ボランティアは学校図

書館活動の重要性を理解してくれる応援団と考え、学校経営の中にも位置付けられるよう、組織的に対応することが重要です。

　ボランティアは、自由意志で学校教育をサポートしてくれています。ただし、あらかじめ次のような注意点を司書教諭からお願いして、了解していただく必要があります。

・学校の教育方針や学校のルールを守る。
・教育活動の領域と思われることについては学校側に確認する。
・学校や子どもの個人情報は絶対に外にもらさない。
・どの子どもにも公平に接する。
・体罰は絶対に加えない。
・特定の宗教や政党に関する活動は行わない。
・読み聞かせの際には著作権に配慮し、原作を改変したりしない。

　以上のようなことは、年度当初に学校図書館長として学校長から話してもらうとよいでしょう。学校図書館ボランティアは学校教育への良き理解者であり、協力者です。それぞれが目的を持って応募していることを理解し、決して学校図書館側の要求を押し付けないようにしましょう。応募して協力してくださることに敬意を持って、連絡を密にしてゆきましょう。

1.9　学校図書館の評価

　学校図書館活動を改善してゆくためには、学校経営全体の中で学校図書館を評価し、方針を立案しなければなりません。実際の先進事例から学んで、学校図書館の改善に役立てましょう。

1.9.1　学校評価

（1）学校評価の背景
　学校は、教育活動その他の学校運営の状況について評価を行い、学校運

営の改善を図り、教育水準の向上に努めなければなりません。文部科学省は2016年3月に「学校評価ガイドライン」を改訂し、学校評価の必要性と目的を

「学校の裁量が拡大し、自主性・自律性が高まる上で、その教育活動等の成果を検証し、必要な支援・改善を行うことにより、児童生徒がより良い教育活動等を享受できるよう学校運営の改善と発展を目指し、教育の水準の向上と保証を図ることが重要である。また、学校運営の質に対する保護者等の関心が高まる中で、学校が適切に説明責任を果たすとともに、学校の状況に関する共通理解を持つことにより相互の連携協力の促進が図られることが期待される」

と示しています。

　つまり、学校評価は教育活動の改善を目指し、教育水準の向上と保証を図ろうとするものであり、それにより児童生徒がより良い教育活動を享受できるという学校経営の在り方を検証するものです。自己評価、学校関係者評価、第三者評価等の項目を立て、それぞれに実施方法を示し、結果報告書の作成と公表、教育委員会への提出が定められています。

（2）学校の自己評価のプロセス

　「学校評価ガイドライン」では、以下のような流れで自己評価の報告と支援・改善のプロセスを説明しています。

①目標設定
②自己評価の評価項目の設定
③継続的な情報・資料の収集・整理
④全方位的な点検・評価と日常的な点検
⑤自己評価の実施
⑥自己評価の取り組み等の随時の情報提供
⑦自己評価の結果の報告書の作成
⑧自己評価の結果の公表、報告書の設置者への提出
⑨評価の結果と改善方策に基づく取り組み

　これらはPDCAサイクルによる自己評価であり、重点目標に基づく評価項目の設定と、評価結果に基づく改善方策の立案が重要であるとされています。

1.9.2　学校図書館の評価と改善

（1）評価の目的と改善

　学校図書館活動を改善してゆくためには、学校経営全体の中で学校図書館を考えなければなりません。「学校図書館ガイドライン　（2）学校図書館の運営」では、以下のように、学校運営の中には学校図書館も入ることが示されています。

　「校長は、学校図書館の館長としての役割も担っており、校長のリーダーシップの下、学校経営方針の具現化に向けて、学校は学校種、規模、児童生徒や地域の特性なども踏まえ、学校図書館全体計画を策定するとともに、同計画等に基づき、教職員の連携の下、計画的・組織的に学校図書館の運営がなされるよう努めることが望ましい。」

　また、「(7) 学校図書館の評価」では、以下のように、学校図書館の評価は学校経営の評価に反映されることと、学校の構成員以外の有識者等による外部評価、学校図書館担当者による内部評価（学校図書館自己評価）の方向が示されています。

　「評価は、図書館資料の状況（蔵書冊数、蔵書構成、更新状況等）、学校図書館の利活用の状況（授業での活用状況、開館状況等）、児童生徒の状況（利用状況、貸出冊数、読書に対する関心・意欲・態度、学力の状況等）等について行うよう努めることが望ましい。」

　学校図書館の評価の目的は、学校図書館が学校の教育目標の達成にどのように貢献しているかを測り、改善に役立てることにあります。具体的には、「ユネスコ国際学校図書館連盟学校図書館宣言」（1999年採択）の中で「学校図書館は、今日の情報や知識を基盤とする社会に相応しく生きていくために基本的な情報とアイデアを提供し、児童生徒が責任ある市民として生活できるように、生涯学習の技能を育成し、想像力を培うものである」と示されているように、生涯学習の技能を育成することができているかど

うかを評価の基礎に置く必要があります。

（2）評価の基本

　「IFLA/ユネスコ学校図書館ガイドライン」(2002)では、次のような評価基準が示されています。

①図書館、カリキュラム、学校全体の目標や個別のゴールを達成できているか
②学校コミュニティのニーズに応えているか。
③変化しつつあるニーズに応えられているか。
④資源が適切に提供されているか。
⑤費用対効果が得られているか。

　以上の事柄が、貸出、来館、レファレンンスなどの利用に関する指標、利用者満足度などの質的指標、費用に関する指標などとして具体的に示されています。

（3）学校図書館機能の理解と活動の評価

　学校図書館活動を充実させるためには、司書教諭が学校図書館活動を理解していることが前提となります。そこで、以下に学校図書館の機能と、その機能を活発化させた評価の観点を示します。

①学習センターの機能
　授業に役立つ資料を備え学習支援を行っているか。

②読書センターの機能
　読書活動の拠点として適切な読書指導を行っているか。

③情報センターの機能
　情報活用能力を育む環境を整備し、適切な指導を行っているか。

　司書教諭はこれらの活動を具体的に経年ごとに記録してゆく必要があります。前述のような基準を使い、長期的な課題や展望を見てゆくことが重要です。

　全国学校図書館協議会では、学校図書館評価基準の利用について次のように記しています[15]。

「この「学校図書館評価基準」は、全国学校図書館協議会が制定した小学校から高等学校までの学校図書館を対象にした標準的な評価基準です（2008年12月15日制定）。この基準の目的は、学校図書館の経営、運営、環境、活動等に関する改善点を明確にし、次年度の経営・運営に生かすことです。」

　学校図書館活動を年度ごとに記録し、各学校の課題を見つけ、改善につないでいきたいものです。

（4）学校図書館の自己評価事例

　2013年10月27日に、荒川区立諏訪台中学校の清水隆彦校長が、荒川区学校図書館支援事業の取り組みとして報告を行っています。報告書からは、目標として荒川区学校教育ビジョン推進があったこと、「学校図書館活用あらかわモデルプラン」を作成していることなどが具体的に分かります。その上で活発な学校図書館活用がどのように実現されていったのかが示されています。

　今後の課題としては、以下のような改善策が挙げられています。それを支える荒川区学校図書館支援室の役割も見逃せません。

・学校図書館担当者と学校司書の連携強化
・学習を支える学習資料の組織的な収集および蔵書点検の推進
・タブレットPC導入（26年度）に伴う、電子機器と学校図書館資料活用
　授業モデルの開発
・各教科等における学校図書館活用の授業モデル開発

（5）学校図書館の外部評価事例

　外部評価の事例は、荒川区教育委員会の「平成27年度 荒川区教育委員

会主要施策に関する点検・評価報告書」[16]から学びましょう。学校図書館活動へは次のような点が評価されています。

①学校図書館法第2条の「学校の教育課程の展開に寄与するとともに、児童又は生徒の健全な教養を育成すること」と、学校図書館は学校教育の充実を目的とするという理念を実現するために、「学校図書館のさらなる充実」を企画し実践したこと。
②各教科等の学習指導を主軸にして学校図書館活用をしてきたこと。
③学校司書制度を模索し、範となる実績を上げてきたこと。
④図書館資料を拡充し、学校図書館基準をはるかに上回っていること。

　以上のように評価され、今後の方向性に他機関との連携が示唆されていることも見逃してはならない点です。

1.10　司書教諭の自己評価

　教諭の兼務である司書教諭が、学校図書館の専門的職務を遂行することによって学校の教育目標を実現するためには、司書教諭としての職務を自己評価する必要があります。それによって、学教育課程の展開に寄与する学校図書館の専門職として、学校図書館経営を改善し、学校経営に参画する意欲と自信を持つことができるでしょう。司書教諭による職務の自己評価は、学校図書館経営の改善だけではなく、学校経営における学校図書館を使った教科の学習に関わる研修にも活用できます。

1.10.1　司書教諭の自己評価の基本的な考え方

　司書教諭は、1958年刊行の文部省編『学校図書館運営の手びき』[17]に規定されて以来、専門職として養成されています。専門職の要件は、次の3点であるとされています。

①その職務を遂行するに足る必要にして充分なる専門性を持つこと。
②職務の際の判断や行動が自律的であること。
③それが同業集団によって自己規制されること。

　専門職であることは、学校図書館法に規定されているように、司書教諭が学校図書館経営をつかさどる職として養成されていることによっています。また、1950年の創設以来、学校図書館についての研究を専らとする公益社団法人である全国学校図書館協議会等により、種々の研修機会を積極的に設けられていることから、自律的で、同業集団によって自己規制されていることが明らかです。
　しかし、司書教諭が専門職であることは、必ずしも学校内の全員が認識していることではありません。したがって、学校内において司書教諭が専門職として認められるには、専門職としての司書教諭の職務を知ってもらうことが必要です。司書教諭としての自己評価を公開することは、学校内において専門職としての司書教諭を認識してもらうための一歩と言えましょう。

1.10.2　司書教諭の自己評価項目

　文献 [18]、[19] を参考に、以下に司書教諭の自己評価項目を挙げます。図書館運営と指導の評価に焦点を当て、以下の点をチェックしましょう。

①生徒の読書意欲を向上させる図書館作りを行うことができたか。
②学習に役立つ図書館メディアを構築し、学習・情報センターとしての機能を充実させることができたか。
③情報リテラシーの育成を目指し、図書館を活用した学習を推進するために、各教科総合的な学習の支援を行うことができたか。
④学び方の支援について、総合的な学習の時間に必要な図書やその他の資料を揃え、提供することができたか。調べ学習に必要な図書資料などレファレンスサービスを行うことができたか。

1.10.3　司書教諭の自己評価モデル

表1-3は、司書教諭の自己評価をモデル化したものです。

表1-3　司書教諭による自己評価モデル試案

学校図書館の専門的職務	職務遂行の目的	職務の具体的内容	自己評価		
学校図書館の運営方針立案	生徒の読書や学習意欲を向上させる図書館作り推進。	運営方針を明文化し、全教職員・児童生徒・保護者に周知する。	A	B	C
学校図書館年間運営計画の作成	総合的な学習の時間に必要な図書やその他の資料を揃え、提供する。	前年度の学校図書館評価に基づいて、年間運営計画を作成する。	A	B	C
図書館部会の運営	学習に役立つ図書館メディアの構築、学習・情報センター機能の充実。	図書館部会が組織され、計画的に活動する。	A	B	C
学校経営への参画による教育課程支援	教科の調べ学習や図書館利用教育等図書館利活用の推進。	図書部部長は部を代表して学校経営に関わる企画経営会議に参画し、教育課程支援を行う。	A	B	C
図書館行事の開催	図書、および図書以外の資料、各種の情報を適切に選択する技能の育成。	図書館行事を教育計画、季節、学校行事、地域の行事等を考慮して計画的に開催する。	A	B	C
児童生徒へのオリエンテーションの開催	情報リテラシーの育成や各教科学習への支援。	毎年、全学年でオリエンテーションを行う。	A	B	C
読書推進活動	他組織へのリファレンスレンスサービスの実施。	図書館関連作品の応募等、読書推進活動を計画的に行う。	A	B	C
地域の学校や公共図書館等との連携	連絡調整・広報活動推進。	他の学校、幼稚園、保育所と連携した学校図書館の活動を計画的に行う。	A	B	C

A：達成できた。　　B：ほぼ達成できた。　　C：達成できなかった。

　学校図書館の専門的職務として、学校図書館の運営方針立案、学校図書館年間運営計画の作成、図書館部会の運営、学校経営への参画による教育課程支援、図書館行事の開催、児童生徒へのオリエンテーションの開催、読書推進活動、地域の学校や公共図書館等との連携の項目を立て、それぞれについて職務遂行の目的と職務の具体的内容を可視化しました。その上

で、A：達成できた、B：ほぼ達成できた、C：達成できなかったと自己申告をします。このような表を参考に図書館経営活動を記録し、次年度の改善に生かすようにしましょう。

1.11　学校図書館のICT化への展望

現代のような生涯学習社会においては、学校図書館は学習の基礎を作るための学校教育を支援するだけでなく、カリキュラムや教育活動のすみずみに至るまで目配りし、提案を行う必要があります。ICTの発展により、今後ますます学校図書館が学校経営に参画し、学校教育の充実に貢献することが求められていくでしょう。

1.11.1　学校教育のICT化

学校図書館が学習・情報センターとして活用されるためには、以下の条件が満たされている必要があります。

①メディアコレクションが充実している。
②インターネットによる情報検索が可能である。
③成果物の保存と管理が適正に行われている。

また、読書センターの役割としては、デジタル化、電子書籍化への対応や校内イントラによる読書指導等が考えられます。もちろん、そのためには児童生徒が自由に使えるコンピュータを設備することが必須になります。

文部科学省は、2018年に教育のICT化に向けた環境整備5か年計画（2018〜2022年度）を打ち出し、1人1台端末環境を整備するというGIGAスクール構想を発表しました。教育の情報化とは、新学習指導要領において「情報活用能力」を学習の基盤となる資質・能力と位置付けているように、学校教育のICT環境を整備し、児童生徒の情報活用能力を育成するということなのです。

1.11.2　学校図書館のICT化の現状

　文部科学省は、2009（平成21）年度に「学校図書館の活性化推進総合事業」[20]を開始しました。「学校図書館の一層の活用に向けて、児童生徒の自発的・主体的な学習活動の支援、教員のサポート機能の強化、児童生徒の読書習慣の定着等に資する有効な取組をモデル的に実施し、その成果の普及を図る。」ことを目的としています。「学び方を学ぶ場としての学校図書館機能強化プロジェクトでは、「ⅰ）児童生徒の興味・関心を一層高め、知る喜びを実感させる効果的な「調べ学習」を行う際の学校図書館活用のノウハウ」等を掲げ、学校図書館は「情報能力活用指導」に関わる機関であり、それに向けて発展充実させる必要があることを明記しています。

　学校図書館が学習・情報センターとしての機能を果たし、学校教育の中核的な役割を担うためには、学校図書館蔵書のデータベース化が重要かつ必要です。2016（平成28）年現在の文部科学省「学校図書館の現状に関する調査」によれば、全蔵書がデータベース化されているのは全体の約85.5％となっています。

1.11.3　学校図書館のオンライン化

　学図書館のオンライン化とは、電子書籍システムを取り入れることにほかなりません。電子書籍はPCやスマートフォン、タブレットで閲覧でき、廉価で場所を選ばず、手軽にすぐ読めるのがメリットです。デジタル教科書やデジタル教材、電子黒板やタブレットといったツールが学校教育に導入される中で、学校図書館の資料も紙媒体だけではなく、電子化されたものが並行して導入されるようになってきました。

　図書館向けの電子書籍システムには、主に小中高向けの定額制の電子図書館サービス「School e-Library」、実用書、学術書、エンタテインメント、児童書など偏りなく幅広い分野から選書可能な「LibrariE」、メディアドゥと米国OverDrive社との業務提携によって推進されている電子図書館「Over Drive Japan」などがあります。

　2017年の「学校図書館電子書籍利用モデル報告書」[21]には、11校の導入事例が報告されています。またLibrariEは、2020年8月現在、取り扱い

コンテンツ数は6万点で、学校図書館では85館が導入しています。注目すべきは、電子書籍の活発によって学校図書館資料が以前より活発に利用されているということです。

　芝浦工業大学附属中学高等学校ではタブレット型PC「S-tab」を生徒・教職員全員に持たせ、これを活用して電子図書館サービスLibrariEも導入しています。電子図書館サービスの導入は、紙の本を駆逐してしまうのではなく、生徒たちが主体的に著作物を利用する新しい方法を生み出していると報告されています[22]。

1.11.4　課題と展望

　現在の学校教育の課題の第一には、ICTを積極的に活用するということが挙げられます。そこで、生徒・教師がいつでもどこでも利用できる新たな情報資源として、電子書籍を意識化できるよう、学校図書館があらゆる方法で働きかけていくことが必要です。第二の課題は、授業や課外学習に役立つ利用方法をそれぞれの学校に応じて考え、教科と連携することです。

　学校図書館においても、従来の紙媒体主流の活用指導と同時に、ICT技術を有効活用して情報を伝達することに焦点を当てた指導が必要です。紙媒体の資料と電子資料の両方の長所を生かす、いわゆるハイブリッド型を目指し、自ら情報を発信することが重要なのです。そのことは、学校図書館経営をつかさどる司書教諭の意識と覚悟に委ねられていると言っても過言ではありません。

第2章

学習指導と学校図書館

　　第2章は、司書教諭講習科目「学習指導と学校図書館」の講義内容に対応しています。学校教育では、客観的な教科内容は教科の専門家である教師が教育課程に則って指導します。教育課程の展開にあたっては、児童生徒の能動的学習活動をいかにして呼び起こすかということが重要です。つまり、教師による教科内容の指導と、児童生徒の主体的な学習活動と両方が必要なのです。本章では、教師の学習指導と児童生徒の主体的な学習活動を支援する学校図書館の活動について学びます

2.1　学校図書館における学習指導

　学校図書館は、児童生徒の学習を支援するとともに、教育活動を展開する教師を支援します。その背景にある考え方を学んでおきましょう。

2.1.1　「生きる力」の育成

　文部科学省は2008年に公示した学習指導要領の中で、「生きる力」の育成を提示しました。図2-1は文部科学省のウェブページ[1]からの引用です。

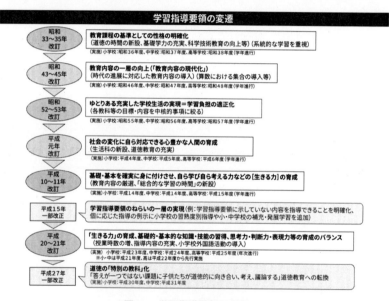

図2-1　学習指導要領の変遷 [1]

　生きる力とは、「変化の激しいこれからの社会を生きる力」を意味しています。1996年に中央教育審議会が「21世紀を展望した我が国の教育の在り方について」という諮問に対する第1次答申の中で、以下のように述べました。

「いかに社会が変化しようと、自分で課題を見つけ、自ら学び、自ら考え、主体的に判断し、行動し、よりよく問題を解決する資質や能力など自己教

育力であり、また、自らを律しつつ、他人とともに協調し、他人を思いやる心や感動する心など、豊かな人間性であると考えた。たくましく生きるための健康や体力が不可欠であることは言うまでもない。我々は、こうした資質や能力を、変化の激しいこれからの社会を、[生きる力]と称することとし、知、徳、体、これらをバランス良くはぐくんでいくことが重要であると考えた。」

　このことから、生きる力が教育の新たな目的の一つとして取り上げられるようになりました。これは2017年の学習指導要領改訂でも受け継がれ、「教育課程の編成及び実施」の2に「生きる力を育む各学校の特色ある教育活動の展開」として説かれています。

　生きる力の背景にあるのは生涯学習です。日本では、1971年に提出された中央教育審議会の答申で提言がなされ、1990年に成立した、生涯学習振興法（生涯学習の振興のための施策の推進体制等の整備に関する法律）によって、生涯学習という考え方が定着しました。

2.1.2　生涯学習者の育成と学校図書館

　2006年12月に可決・成立した改正教育基本法[2]第3条で、生涯学習の理念は次のように規定されています。

　「国民一人一人が、自己の人格を磨き、豊かな人生を送ることができるよう、その生涯にわたって、あらゆる機会に、あらゆる場所において学習することができ、その成果を適切に生かすことのできる社会の実現が図られなければならない。」

　また、カナダのカルガリー教育委員会の『図書館プログラム』(Calgary Board of Education,1991) は、「個々の人が生涯学習者になるのを援助する」とし、教育の目標は「生涯学習者を育成することである」と明確にしています。また、学校図書館と生涯学習の関係を、

　「学校図書館プログラムの目的は、個々の人が、情報を自分のものにし、アイデアを得、心に浮かんだことを表現することのできる自分の能力に自信を持つ生涯学習者になるのを援助することである」

と述べています。つまり、学校図書館の目的は、児童生徒が生涯学習者と

して成長できるよう支援することにあるのです。これは、日本でも改正教育基本法、学校図書館法に鑑み、同様に考えるべきことでしょう。

『図書館プログラム』には、生涯学習者として必要な能力が以下の通り示されています。

①自分に必要な情報を得る能力。
②得た情報から自分のアイデアを生み出す能力。
③心に浮かんだことを他者に伝達できるように表現する能力。

これらは、改正教育基本法、学校図書館法、学習指導要領等でうたわれているように、人格の発達や、自律心、判断力、責任感などの人間性を育むために必要な能力です。つまり、他人との関係性、社会との関係性、自然環境との関係性を認識し、他者との関わりやつながりを尊重できる能力にほかならないのです。

2.2　教育課程と学校図書館

本節では、教育課程と学校図書館の関係について学びます。学校経営の中心には教育課程編成があり、教育課程の展開に寄与するのが学校図書館です。

2.2.1　学校教育と学校経営

学校教育は「学校という教育的、組織的な教育機関において行われる教育の総体」[3]であるとされ、1971年の中央教育審議会答申では、
「学校教育は、すべての国民に対して、その一生を通ずる人間形成の基礎として必要なものを共通に修得させるとともに、個人の特性の分化に応じて豊かな個性と社会性の発達を助長する、もっとも組織的・計画的な教育の制度であり、国民教育として普遍的な性格をもち、他の領域では期待できない教育条件と専門的な指導能力を必要とする教育を担当するものであ

る。」[4]

としています。これは今でも変わらない学校教育の役割全体を説明している普遍的な内容です。

　学校の教育内容は、教育課程に表されています。教育課程とは、教育内容についての国家基準によるプランで、立案（構成）レベルのものを表し、その展開過程は含まれていません。一方、カリキュラムは、教育目標や教育内容、教材のほか、教授・学習活動、評価の活動なども含む広い概念です。つまり、カリキュラムという概念に、教育課程という概念が含まれているということです。また、学校経営とは、学校における諸活動を計画し、組織編成して教育効果を上げるのにふさわしい教育機関としての学校を運営していく統括の作用です。

2.2.2　教育課程と学校図書館

　小学校、中学校、高等学校等では、学校教育法等に基づき、全国のどの地域でも一定の水準の教育を受けられるように、文部科学省が、学習指導要領において教育課程を編成する際の基準を定めています。

　基準とは、守るべき要件として定められたものをいいます。現行学習指導要領総則の3款 教育課程の実施と学習評価で、教育課程の実施において、「学校図書館を計画的に利用しその機能の活用を図り、生徒の主体的・対話的で深い学びの実現に向けた授業改善に生かすとともに、生徒の自主的、自発的な学習活動や読書活動を充実すること。」

とあります。学校図書館を活用することは、教育課程の実施において守るべき要件なのです。

　教育課程は各教科、道徳、特別活動によって編成され、具体的な内容は文部科学大臣が定める学習指導要領によって定められています。学校図書館の利用が「学校図書館を計画的に運用すること」として教育課程の編成「総則」に登場したのは1968年でした。それ以後、1977年、1989年、1998年、2008年、および2019年の現行学習指導要領に、「学校図書館を計画的に運用」が登場しています。各学校のカリキュラム編成に学校図書館の活用が明記されていることを認識しておきましょう。

　また、学校図書館法第2条に「児童又は生徒及び教員の利用に供することによつて、学校の教育課程の展開に寄与する」とあります。「学校の教育課程の展開」とは、授業のことを指します。1998年に、以下のようなことをねらいとして、「総合的な学習」が設置されました。

・自ら課題を見つけ、自ら学び、自ら考え、主体的に判断し、よりよく問題を解決する資質や能力を育てること。
・学び方やものの考え方を身に付け、問題の解決や探究活動に主体的、創造的に取り組む態度を育て、自己の生き方を考えることができるようにすること。

　総合的な学習では、教科書は作られませんでした。学校図書館を充実させることによって、多様な資料から問題の解決や探究活動に取り組むことが可能になります。

2.2.3　主体的・対話的で深い学びと学校図書館

　2019年から始まった現行学習指導要領が目指す「主体的・対話的で深い学び」の実現のためには、学校の「知の拠点」である学校図書館の役割は大きく、有効に活用されることが期待されています。そのためには図書資料の充実が重要な課題ですが、学校によっては全教科への対応が難しい状況にあります。
　そこで、ICT環境の整備を進めることが、資料を充実させる助けになります。生徒に1人1台の学習者用コンピュータがあれば、資料を個々に見られるという展開も生まれます。より深く学びたい生徒もいるので、そうした個別対応も可能になるでしょう。また、学校図書館の使い方を教えることは、「いかに学ぶか」を教えるということにもなるのです。

2.3　発達段階に応じた学校図書館メディア

　本節では、学習者である児童生徒の発達段階に応じた学校図書館メディアの選択について考えます。学校図書館は一人一人の個性と発達段階に応じた対応が可能です。どのように実践に移すことができるでしょうか。

2.3.1　発達段階に応じた学校図書館メディアの選択と蔵書構築

　学校図書館メディアとは、情報の媒体としての図書や視聴覚資料およびコンピュータソフト等のことです。その目的は、学校の教育課程の展開に寄与し、児童生徒の健全な教養を育成することです。

　子どもの読書習慣を形成していく上で、学校は大きな役割を担っています。学校教育法においても、義務教育として行われる普通教育の目標の一つとして、「読書に親しませ、生活に必要な国語を正しく理解し、使用する基礎的な能力を養うこと」が規定されています。

　子どもが生涯にわたって読書に親しみ、読書を楽しむ習慣を形成するために、学校においては、読書に親しむ機会の充実や子どもの発達段階に応じた本の紹介、子ども同士のブックトークやビブリオバトル（書評合戦）のような読書経験を共有する取り組みの導入等により、さまざまな本に触れる機会を提供することが必要です。

　学校図書館は、読書センター・学習センター・情報センターとして、学校教育の中核的な役割を担うことが期待されています。そのためには、発達段階に応じた図書資料の選択や蔵書構築が重要になるのです。以下では、学童期・中学生期・高校生期のそれぞれにおける学校図書館メディア選択の指針や取り組みを説明します。

2.3.2　学童期における学校図書館メディア選択の指針と蔵書構築および取り組み

　2017年文部科学省告示の小学校学習指導要領では、学校図書館のあるべき方向は
「学校図書館を計画的に利用しその機能の活用を図り、児童の主体的・対

話的で深い学びの実現に向けた授業改善に生かすとともに、児童の自主的、
自発的な学習活動や読書活動を充実すること。」(p.91)
にあるとされています。

　学童期は、生涯にわたる読書習慣を身に付けていくために、幅広く読書
を楽しみながら、内容や要旨を捉えるといった基本的な「読む能力」を身
に付けるとともに、読書を通して考えを広げたり深めたりしようとする態
度を身に付けていくことが望まれます。そのためには、学校や家庭を中心
として、「本を読んで面白かった」、「本が役に立った」という経験ができる
ように、子どもが本と出会い、本に親しみ、読む力を付けるような図書資
料の選択と蔵書構築、それをもとに本を紹介し読書を勧めていく取り組み
が必要です。

2.3.3　中学生期における学校図書館メディア選択の指針と蔵書構築および取り組み

　2017年文部科学省告示の中学校学習指導要領では、学校図書館のある
べき方向は
「学校図書館を計画的に利用しその機能の活用を図り、生徒の主体的・対
話的で深い学びの実現に向けた授業改善に生かすとともに、生徒の自主的、
自発的な学習活動や読書活動を充実すること。」(p.90)
にあるとされています。

　読書には、楽しむための読書だけではなく、必要な情報を読み取るため
の読書、さらには読み取った情報をもとに自分の考えを明確にしていくた
めの読書など、さまざまな目的のものがあります。読書活動は本来読み手
の個人的な活動であり、自主性や自発性を尊重することが重要です。しか
し中学生期においては、子どもの興味や関心に応じた計画的・継続的な指
導により、義務教育の最終段階として、日常生活における読書活動を、目
的に応じて本や文章などを読み、知識を広げたり自分の考えを深めたりす
ることにつなげ、継続的な読書を促すようにすることが求められます。

　必要な情報の集め方や、情報を読み取るための読み方、その情報の活用
の仕方について理解させると同時に、読書の範囲を広げ、手に取る本や文

章の質を向上させていくために、生徒の読書の目的や読書興味に応じた図書資料の選択と蔵書構築に取り組みましょう。また、司書教諭は学校図書館を活用した体系的な読書指導を行い、それをもとに読書活動推進キャンペーンやコンクールへの応募をサポートしましょう。

2.3.4 高校生期における学校図書館メディア選択の指針と蔵書構築および取り組み

2017年文部科学省告示の高等学校学習指導要領では、学校図書館のあるべき方向は
「学校図書館を計画的に利用しその機能の活用を図り、生徒の主体的・対話的で深い学びの実現に向けた授業改善に生かすとともに、生徒の自主的、自発的な学習活動や読書活動を充実すること。」(p.128)
にあるとされています。

高校生期には、中学生期と同様に、幅広い読書活動を通じて情報を得て用いたり、ものの見方や感じ方、考え方を豊かにしたりすることが求められるとともに、文章表現の特色に注意して読んだり、内容を的確に読み取ったり、必要に応じて要約や詳述をしたりすること、人物、情景、心情などを表現に即して読み味わうこと、書き手の意図を捉えたりすることが求められます。

そこで、情報を適切に用いて思考し、表現する能力を高めることができるような図書資料の選択と蔵書構築を進めることが重要です。そして、ブックトークやビブリオバトル（書評合戦）等を導入したり、生徒のこれまでの読書活動との関わりや段階を踏まえながら、公立図書館や民間団体等と連携して、読書活動推進キャンペーンやコンクールに取り組んだりすることが大切です。

2.4 学校図書館メディア活用能力の育成

今日の知識基盤社会を生きるために、協同的で創造的な学びが求められ

るようになっています。学校図書館においても、学校図書館メディア活用
能力の育成のために知識とスキルが必要とされています。

2.4.1　主体的な学びと学校図書館メディア

全国学校図書館協議会は
「学校図書館は、学校の情報センターであり、学習センターであり、かつ、
読書センターである。学校における中核的な機関として学校図書館は、そ
の教育機能を存分に発揮しなければならない。学校図書館なくして、現代
教育の展開はあり得ないからである。学校図書館の充実振興こそは、いま
不可欠な緊急課題である。」
として、1991年に学校図書館憲章[5]を発表しています。以下に理念と機能
に言及した部分を引用します。

理念
1.学校図書館は、資料の収集・整理・保存・提供などの活動をとおし、学
　校教育の充実と発展および文化の継承と創造に努める。
2.学校図書館は、児童生徒に読書と図書館利用をすすめ、生涯にわたる自
　学能力を育成する。
3.学校図書館は、資料の収集や提供を主体的に行い、児童生徒の学ぶ権利・
　知る権利を保障する。
4.学校図書館は、他の図書館、文化施設等とネットワークを構成し、総合
　的な図書館奉仕を行う。
5.学校図書館は、児童生徒・教職員に対する図書館の奉仕活動・援助活動
　をとおして、教育の改革に寄与する。

機能
1.学校図書館は、多様な資料と親しみやすい環境を整え、児童生徒の意欲
　的な利用に資する。
2.学校図書館は、図書館および資料・情報の利用法を指導し、主体的に学
　習する能力を育成する。

3. 学校図書館は、読書教育を推進し、豊かな人間性を培う。
4. 学校図書館は、適切な資料・情報を提供し、学習の充実を図る。
5. 学校図書館は、教育に必要な資料・情報を提供し、教職員の教育活動を援助する。

2.4.2　学校図書館の機能

学校図書館は、以下のような機能を持っています。

①読書センター

豊かな感性や情操を育む読書センターとしての機能です。豊かな言葉の力を育てるためには、知識や技能の習得とともに、思考力・判断力・表現力などの育成を重視した読書活動や読書指導を計画的に行うことが重要です。そこで、学校図書館を活用し、学校図書館のメディアを使いこなす能力を育成することが必要なのです。司書教諭は自館のメディアの構成と内容を把握し、更新計画を立て実行するなど、メディアの整備に配慮しましょう。

②学習センター

児童生徒の学習活動を支援したり、授業の内容を豊かにしてその理解を深めたりする機能です。司書教諭は、各教科や総合での探究学習や、各自の興味や関心に沿った調べ学習に合わせたメディアの構成を心がけましょう。

③情報センター

児童生徒や教職員の情報ニーズに対応したり、児童生徒の情報の収集・選択・活用能力を育成したりする機能です。児童生徒が情報機器やネットワークを活用して意思決定し、結果を表現する能力を身に付けられるよう、ICT環境を整備し、司書教諭は児童生徒がそれらを活用する際に適切なサポートができる体制作りを心がけましょう。また、情報センター機能の現状と方向性を意識し、学校内の他分掌に連携への働きかけをしてゆきましょう。

2.4.3　ユネスコ学校図書館宣言

　国際図書館連盟(IFLA)とユネスコは、1999年の大会において「IFLA／ユネスコ学校図書館宣言」を発表しました。その中で、学校図書館は、今日の情報や知識を基盤とする社会にふさわしく生きていくために基本的な情報とアイデアを提供し、児童生徒が責任ある市民として生活できるように、生涯学習の技能を育成し、想像力を培うものであるとされています。つまり、学校図書館メディアの活用能力育成は、学校図書館の使命なのです。

　2002年にはIFLA/UNESCO School Library Guidelinesが刊行されています。以下に1999年のIFLA／ユネスコ学校図書館宣言の日本語訳の全文[6]を引用します。

ユネスコ学校図書館宣言 School Library Manifesto by UNESCO

1999.11.26 第30回ユネスコ総会批准

　学校図書館は、今日の情報や知識を基盤とする社会に相応（ふさわ）しく生きていくための基本的な情報とアイデアを提供する。学校図書館は、児童生徒が責任ある市民として生活できるように、生涯学習の技能を育成し、また、想像力を培う。

学校図書館の使命
　学校図書館は、情報がどのような形態あるいは媒体であろうと、学校構成員全員が情報を批判的にとらえ、効果的に利用できるように学習のためのサービス、図書、情報資源を提供する。

　学校図書館は、ユネスコ公共鳥栖図書館宣言と同様の趣旨に沿い、より広範な図書館、・情報ネットワークと連携する。

　図書館員は、小説からドキュメンタリーまで、印刷資料から電子資料まで、あるいはその場でも遠くからでも、幅広い範囲の図書やその他の情報源を利用することを支援する。資料は、教科書や教材、教育方法保管し、より充実させる。

　図書館員と教師が協力する場合に、児童生徒の識字、読書、学習、問題解決、情報及びコミュニケーション技術の各技能レベルが向上することが実証されている。

　学校図書館サービスは、年齢、人種、性別、宗教、国籍、言語、職業あるいは社会的身分にかかわらず、学校構成員全員に平等に提供されなければならない。通常の図書館サービスや資料の利用ができない人々に対しては、特別のサービスや資料が用意されなければならない。

　学校図書館のサービスの蔵書の利用は、国際連合世界人権宣言・自由宣言に基づくものであり、いかなる種類の思想的、社会的、あるいは宗教的な検閲にも、また商業的な圧力にも屈してはならない。

財政、法令、ネットワーク

　学校図書館は、識字、教育、情報提供、経済、社会そして文化の発展についてのあらゆる長期政策にとって基本的なものである。地方、地域、国の行政機関の責任として、学校図書館は特定の法令あるいは政策によって維持されなければならない。学校図書館には、訓練された職員、資格、各種技術及び設備のための経費が十分かつ継続的に調達されなければならない。それは無料でなければならない。

　学校図書館は、地方、地域及び全国的な図書館・情報ネットワークを構成する重要な一員である。

　学校図書館が、例えば公共図書館のような他館種図書館と設備や資料等を共有する場合には、学校図書館独自の目的が認められ、主張されなければならない。

　学校図書館は教育の過程にとって不可欠なものである。

　以下に述べる事は、識字、情報リテラシー、指導、学習及び文化の発展にとって基本的なことであり、学校図書館サービスの核となるものである。

●学校の使命およびカリキュラムとして示された教育目標を支援し、かつ増進する。
●子ども達に読書の習慣と楽しみ、学習の習慣と楽しみ、そして生涯を通じての図書館利用を促進させ、継続させるようにする。
●知識、理解、想像、楽しみを得るために情報を利用し、かつ創造する体験の機会を提供する。
●情報の形式、形態、媒体が、地域社会に適合したコミュニケーションの方法を含めどのようなものであっても、すべての児童生徒が情報の活用と評価の技術を学び、練習することを支援する。
●地方、地域、全国、全世界からの情報入手と、さまざまなアイデア、経験、見解に接して学習する機会を提供する。
●文化的社会的な関心を喚起し、それらの完成を錬磨する活動を計画する。
●学校の使命を達成するために、児童生徒、教師、管理者、および両親と協力する。
●知的自由の理念を謳い、情報を入手できることが、民主主義を具現し、責任ある有能な市民となるためには不可欠である。
●学校内全体及び学校外においても、読書を奨励し、学校図書館の資源やサービスを増強する。

以上の機能を果たすために、学校図書館は方針とサービスを樹立し、資料を選択・収集し、適切な情報源を利用するための設備と技術を整備し、教育的環境を整え、訓練された職員を配置する。

職員

　学校図書館は、可能な限り十分な職員配置に支えられ、学校構成員全員と協力し、公共図書館その他と連携して、学校図書館の計画立案や経験に責任がある専門的資格を持つ職員である。

　学校図書館員の役割は、国の法的、財政的な条件の下での予算や、各学校のカリキュラム、教育方法によってさまざまである。状況は異なっても、学校図書館員が効果的な学校図書館サービスを展開するのに必要とされる共通の知識領域は、情報資源、図書館、情報管理、および情報教育である。

　増大するネットワーク環境において、教師と児童生徒の両者に対し、学校図書館員は多様

な情報処理の技能を計画し指導ができる能力を持たなければならない。したがって、学校図書館員の専門的な継続教育と専門性の向上が必要とされる。

運営と管理

　効果的で責任の持てる運営を確実にするためには、

●学校図書館サービスの方針は、各学校のカリキュラムに関連させて、その目的、重点、サービス内容が明らかになるように策定されなければならない。

●学校図書館は専門的基準に準拠して組織され、維持されなければならない。

●サービスはざっと学校構成員全員が利用でき、地域社会の条件に対応して運営されなければならない。

●教師、学校管理者幹部、行政官、両親、他館種の図書館員、情報専門家、並びに地域社会の諸団体との協力が促進されなければならない。

宣言の履行

　政府は教育に責任を持つ省庁を通じ、この宣言の諸原則を履行する政策、方針、計画を緊急に推進すべきである。図書館員と教師の養成及び継続教育において、この宣言の周知を図る諸計画が立てられなければならない。

　（訳:長倉美恵子、堀川照代）

　司書教諭は、このような学校図書館の方向性をよく認識して、自館の現状を踏まえながら日々の実践の中に落とし込んでゆきましょう。

2.5　教科学習における学校図書館の活用

　そもそも教育活動における授業とは、どのように定義されているのでしょうか。本節では学校図書館による授業支援や探究活動の枠組みを考えます。また、学校図書館活用の具体的なスキルを説明します。

2.5.1　教科授業での資料活用

　学校図書館法第2条にあるように、学校図書館は、「学校の教育課程の展開に寄与するとともに、児童又は生徒の健全な教養を育成する」ところです。「教育課程の展開」を行う授業とは、教師が各分野の知識や技能を生徒に習得させるために行う活動のことをいいます。従来は、講義や一斉教授

など教師中心の授業が主流でしたが、今日では児童生徒の自主性が重んじられるようになってきました。

　各教科には教育の目標（ねらい）があり、教師はそれに合った活動を選び、授業計画を立て、学習の動機付けを図ります。その際に学校図書館は、教科書以外の多様な資料で教師や児童生徒への支援を行います。

　教師は、教科授業の目標（単元のねらい）に合わせて、児童生徒に資質・能力を育む活動を工夫しなければなりません。学校図書館の活用もその一つです。したがって、学校図書館による授業支援は、授業で資料が必要なときにすぐに使えるようにしておくことが基本です。

2.5.2　教科の探究活動と学校図書館

　従来の講義型や一斉指導の授業では、往々にして問いの答えは一つであり、学習者の心を動かし、感動を与えるのは容易ではありませんでした。一方、新学習指導要領における課題解決型の問いでは、答えは一つではありません。答えを探すための探究活動では、心が動く、つまり感動・共感し、自分で判断した思考を表現するために、例えば以下のようなプロセスを経るのです。

①事象を捉える感性や問題意識が揺さぶられて、学習活動への取り組みが真剣になる。
②身に付けた知識・技能を活用し、その有用性を実感できる。
③見方が広がったことを喜び、さらなる学習への意欲が高まる。
④概念が具体性を増して、理解が深まる。
⑤学んだことを自己と結び付けて、自分の成長を自覚したり自己の生き方を考えたりする。

　探究活動では、一般的に以下のような学習の過程を設けます。

①課題の設定
　体験的な活動などを通して課題を設定して問いを作り、5W1Hを使って

文にします。

②情報の収集

　学校図書館資料を使って調べ、見学、インタビュー、観察、実験等を行います。

③整理・分析

　まず、調べたことの比較や分類を行い、それらを関係付けて考え整理します。

④まとめ

　根拠を示し、主張するための道筋を示します。

⑤表現と発表

　レポート、スピーチ、プレゼンテーション、新聞等にし、発表します。

　実際に図書館を教科で使う場合には、司書教諭はあらかじめ以下のような点について打ち合わせをしておくことが重要です。

①課題内容等

　教科担当者に具体的な日程、課題内容、時間等を聞き、時間割調整や場所の確保をしておきます。

②学校司書・学校図書館係教諭との業務分担

　学年、学級、および人数を聞き、学校司書や学校図書館係教諭と時間を調整します。また、用意する資料の質と量を考え、個人貸出の有無、別置か学級設置かを検討します。

③学校図書館としての関わり方

　教科担当者が進める授業に司書教諭等の学校図書館担当者が入り、教科担当者を助力しつつ行う TT(Team Teaching) なのか、資料提供のみなの

か、希望を聞いて調整します。

④図書館利用指導・利用案内指導の必要性

　対象の児童生徒の現状を勘案し、図書館利用指導や利用案内指導を行うか否かを教科担当者に聞きながら、授業に盛り込む内容を提案します。授業内で司書教諭が図書館利用指導や利用案内を行い、資料探しを支援することは、児童生徒の深い学びに役立ちます。また、教科担当者の負担も軽減されます。

2.5.3　学習支援サービス

　学習は、各自の学ぶことへの意欲を引き出すことから始まります。学校図書館の学習支援サービスには、以下のようなものがあります。

・読書郵便

　本を読んだ感想や印象をもとに、友達に宛ててその本を紹介するはがきを書き、交換する活動です。小学校や中学校で使われる場合が多い方法です。

・学習単元のブックリスト

　教科担当者へ授業構想をインタビューし、授業に関連する資料を選書してブックリストを提供する活動です。小学校・中学校・高等学校で行われています。

・ブックトーク

　あるテーマに沿って、何冊かのさまざまなジャンルの本を順序だてて紹介し、その本が読みたいという気持ちを起こさせる、本の紹介活動です。小学校・中学校・高等学校で行われていますが、どちらかというと中学校・高等学校の生徒に向く活動です。

・読書のアニマシオン

　スペインのモンセラ・サルト (Montserrat Sarto) が編み出した、子ども

が本好きになるための読書の指導法です[7]。例えば、同じ本を読んで作戦に従ってクイズに答えるなど、ゲーム感覚で楽しめるので、読むことから逃げている児童生徒を対象に行うとよいでしょう。

・知的書評合戦ビブリオバトル

　みんなで集まって、各自5分間で本を紹介し、読みたくなった人が一番多かった本（＝チャンプ本）を投票して決定する書評会です。全国大学ビブリオバトル、全国高等学校ビブリオバトル等、近年盛んになっています。ある程度好みの本ができる年齢である多読期、読書成熟期の中学生や高校生に向いています。

2.6　学習指導における学校図書館メディアの活用

　本節では、司書教諭が学校図書館の活用指導の一環として、児童生徒を対象として授業を実施する場合について説明します。

2.6.1　学習指導における学校図書館の機能

　「子どもの読書サポーターズ会議」では、学校図書館が学習指導に果たす役割について2008年に以下のように答申しています[8]。

学校図書館は、児童生徒の自発的、主体的な学習活動を支援するとともに、情報の収集・選択・活用能力を育成して、教育課程の展開に寄与する「学習・情報センター」としての機能を果たす。
～図書室で、図書館資料を使って授業を行うなど、教科等の日常的な指導において活用される。
～教室での授業で学んだことを確かめ、広げ、深める、資料を集めて、読み取り、自分の考えをまとめて発表するなど、児童生徒の主体的な学習活動を支援する。
～利用指導等の取組を通じ、情報の探し方・資料の使い方を教える。
～児童生徒が学習に使用する資料や、児童生徒による学習の成果物などを蓄積し、活用できるようにする。

　学校図書館には、学習者への学校図書館メディアの提供とあわせて、それらを利活用して分かったこと、気づいたこと、考えたことをまとめて発表することの支援も求められています。児童生徒が自己決定できる自立した生涯学習者となるためのスキルや方略を獲得できるように支援する場が、学校図書館なのです。

　学習指導における学校図書館機能は、小学校から高等学校に至るまでの初等・中等教育段階において、文部科学省が学習指導要領に示している「生きる力」（知・徳・体のバランスの取れた力のこと）[9]を育みます。自由時間の増大など、社会の成熟化に伴い生涯学習需要が増大している中、学校図書館機能を活用した学習指導は、生涯にわたる学習活動の基盤作りとなり得ます。そのことは、学歴社会の弊害の是正につながるなど、社会全体にとって有意義であることは言うまでもありません。司書教諭は、学校図書館の機能を活用した学習指導を、学校図書館活用授業の到達点として、心にとめておきたいものです。

2.6.2　情報活用能力育成のための原則

　今日、情報活用能力の技能面については、学校図書館教育が中心となって体系化を試みています[10]。司書教諭は、2004年に全国学校図書館協議会が制定した「情報・メディアを活用する学び方の指導体系表」を知っておく必要があります。

　表2-1は、2019年に公益社団法人全国学校図書館協議会が作成したものをもとに作成したものです。

表2-1　「情報・メディアを活用する学びの指導体系表」ダイジェスト版

	課題の設定	メディアの利用	情報の活用	まとめと発信
小学校・低	◎課題をつかむ ◎学習計画を立てる	◎学校図書館の利用方法を知る ◎学校図書館メディアの利用方法を知る	◎情報を集める ◎記録の取り方を知る	◎学習したことを相手や目的に応じた方法でまとめ、発表する ◎学習の過程と結果を評価する（自己評価・相互評価）
小学校・中	◎課題をつかむ ◎学習計画を立てる ◇調べる方法を考える	◎学校図書館の利用方法を知る ◎公共図書館の利用方法を知る ◎学校図書館メディアの利用方法を知る	◎情報を集める ◎記録の取り方を知る ◎集めた情報を目的に応じて分ける ◎情報の利用上の留意点を知る	◎学習したことを相手や目的に応じた方法でまとめ、発表する ◎学習の過程と結果を評価する（自己評価・相互評価）
小学校・高	◎課題をつかむ ◎学習計画を立てる	◎課題をつかむ ◇調べる方法を考える	◎情報を集める ◎記録の取り方を知る ◎情報の利用上の留意点を知る	◎学習したことを相手や目的に応じた方法でまとめ、発表する ◎学習の過程と結果を評価する
中学校	◎課題を設定する ◇目的に合った発想ツールを使う ◎学習計画を立てる ◇調べる方法を考える ◇学習の見通しをもつ	◎課題を設定する ◎課題設定の理由を文章で書く ◇目的に合った発想ツールを使う ◎学習計画を立てる ◇調べる方法を考える ◇学習の見通しをもつ	◎情報を収集する ＊電子メディア ＊人的情報源、フィールドワーク ◎情報を記録する ◎情報を分析し、評価する ◎情報の取り扱い方を知る ＊情報モラル	◎学習の成果をまとめる ◎学習の成果を発表する ◎学習の過程と結果を評価する（自己評価・相互評価） ◇課題設定や学習計画の妥当性を検証する ◇利用したメディア、情報を評価する
高等学校	◎課題を設定する ◎学習計画を立てる ◇課題解決の戦略・方策を検討する ◇まとめ方の構想を立てる	◎学校図書館の機能を理解し、効果的に活用する ◎目的に応じて各種施設を利用する ◎メディアの種類や特性を生かして活用する	◎情報を収集する ◎情報を記録する ◎情報を分析し、評価する ◎情報の取り扱い方を知る ＊インターネット情報 ＊著作権、知的所有権 ＊情報モラル ＊個人情報の保護	◎情報を収集する ◎情報を記録する ◎情報を分析し、評価する ◎情報の取り扱い方を知る ＊インターネット情報 ＊著作権、知的所有権 ＊情報モラル ＊個人情報の保護

凡例「◎」指導項目「◇」内容「＊」例示

2.6.3　学校図書館メディアを活用した学習のプロセス

　児童生徒が問題を設定したとき、あるいは課題が出されたときには、学校図書館メディアを活用して、以下のプロセスで学習します。

①問題発見とテーマの設定

　問題解決の過程においては、問題は何かということを明確にするために、何を、どのように、どこで調べるかということが重要です。児童生徒が自ら問題を探して調べる場合と、課題が出されて調べる場合が想定されますが、いずれの場合も、まずは問題を表すキーワードから調べ始めます。

　学校図書館メディアを活用してキーワードの定義を調べ、何が分からないのか、あるいは何を知りたいのかという問題を認識できたら、それを学習のテーマとして設定します。このとき、疑問形で文を作ると、問題がより明らかになります。問題を認識したら、それらを箇条書きにして、整理します。

②仮説の設定

　次に、仮説を立ててみます。まず、思いついたことや自分なりの意見を言葉で表現してみます。このとき、今までに得た知識や経験が反映されることが分かるでしょう。その後、仮説を細分化して説明する「仮説の精緻化」を行います。

　最後に、仮説を検証します。誰かほかの人も同じようなことを考えていないでしょうか。資料を探して、自分と同じ説があったなら、証拠として記録しておきましょう。

③レポート作成

　学習活動の記録としてレポートを作成します。ここでは、これまでに分かったことや、ここまでの過程での発見および自分の意見などをまとめ、文章にします。さらに、図や表によって視覚化したものも加えると、より他者と共有しやすくなります。また、学習の評価と振り返りをメモしておくと、次のレポートに役立ちます。

　レポートは、一般的に、序論、本論、結論で構成されます。

①序論

　導入部分として、動機や目的、取り上げる問題（テーマ）が何かということを具体的に示します。このとき、テーマとして取り上げる論拠として、背景となる先行研究を紹介しておくことが大切です。論じるのに必要な前提の情報を、その分野の知識がない読み手にも分かるように説明し、全体を円滑に意欲的に読み進めることができるようにします。

②本論

　結論を支える役割を担う部分です。序論から結論を導き出すために、事実（調べたこと、データ、結果）を用いて論拠を示し、なぜそのような結論になるのかを論理的に説明・証明し、意見を記述します。反論や批評を予想し、あらゆる角度から論拠・根拠を述べ、読み手を論破・説得する部分です。

③結論（結び、まとめ）

　全体の内容を概観し、意見を締めくくります。ここで中心テーマ（意見、主題）をアピールします。序論で述べた目的と必ず呼応し、密接に整合していなければなりません。最後に、今後の展望で、書いた内容の成果に基づき、それを足がかりとして将来（次の段階）何をすればよいかを示します。

④発表

　発表の方法には、スピーチ発表、ディベート、ディスカッション、手紙、インタビュー報告、新聞作りなどいろいろな方法が考えられます。

2.6.4　Big6 Skills Model

　情報活用能力育成の手法として、アイゼンバーグ(M.B.Eisenberg)らは1990年に「Big6 Skills Model」を発表しました[11]。課題を解決するために、情報を収集・選択・整理・表現する手順を以下の6つの段階に分けて説明したもので、情報活用能力の習得学習で実践されてきました。

①課題の把握

　調べさせるテーマに関する最低限の知識や概念を持たせ、意欲付けをします。また、大きなテーマから具体的なテーマと絞っていくなどの活動を指します。

②調べる手順を決める

　学校図書館の蔵書やインターネット、新聞、雑誌などを参照し、その中から確実に調べられる方法を決めます。百科事典等の利用、インターネットによる検索等の活動も含まれます。

③情報の評価と出典の明記
　情報の信憑性（百科事典や学術誌等に基づいた、確かな学術情報かどうか）の確認と出典の明記等を行います。

④情報の精査
　入手した情報の出処はどこか（該当ページ）、引用かあるいは要約しての引用か、事実と意見の区別があるか、データの根拠を示しているか等を確認します。

⑤まとめる・発表する
　新聞、ポスター、スピーチ、意見交流会等の活動等、発表に向けてまとめます。発表手段は模造紙等のアナログツールもあれば、PowerPoint やWord といったデジタルツールもあります。

⑥振り返る
　①から⑤までのプロセスを振り返り、評価します。

　学習者は各段階を行き来して（フィードバック・プロセス）学習の目的に近付き、次回の活動につなげることができます。図2-2は、Big6 Skills Model をもとにICT 教育推進研究所が作成したものです。

【調べ学習の流れ】　　調べ学習を効率的に行うためには「Big6 Skills Model」を活用するとよいでしょう。

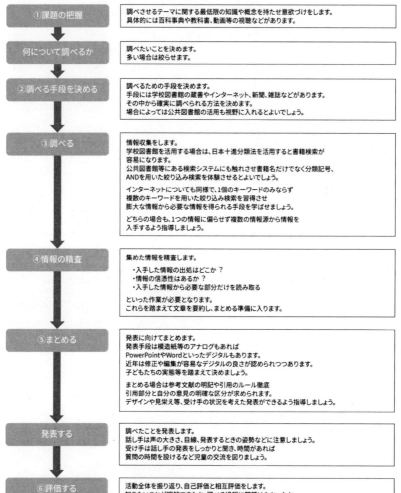

①課題の把握
調べさせるテーマに関する最低限の知識や概念を持たせ意欲づけをします。
具体的には百科事典や教科書、動画等の視聴などがあります。

何について調べるか
調べたいことを決めます。
多い場合は絞らせます。

②調べる手段を決める
調べるための手段を決めます。
手段には学校図書館の蔵書やインターネット、新聞、雑誌などがあります。
その中から確実に調べられる方法を決めます。
場合によっては公共図書館の活用も視野に入れるとよいでしょう。

③調べる
情報収集をします。
学校図書館を活用する場合は、日本十進分類法を活用すると書籍検索が
容易になります。
公共図書館等にある検索システムにも触れさせ書籍名だけでなく分類記号、
ANDを用いた絞り込み検索を体験させるとよいでしょう。

インターネットについても同様で、1個のキーワードのみならず
複数のキーワードを用いた絞り込み検索を習得させ
膨大な情報から必要な情報を得られる手段を学ばせましょう。

どちらの場合も、1つの情報に偏らせず複数の情報源から情報を
入手するよう指導しましょう。

④情報の精査
集めた情報を精査します。
・入手した情報の出処はどこか？
・情報の信憑性はあるか？
・入手した情報から必要な部分だけを読み取る

といった作業が必要となります。
これらを踏まえて文章を要約し、まとめる準備に入ります。

⑤まとめる
発表に向けてまとめます。
発表手段は模造紙等のアナログもあれば
PowerPointやWordといったデジタルもあります。
近年は修正や編集が容易なデジタルの良さが認められつつあります。
子どもたちの実態等を踏まえて決めましょう。

まとめる場合は参考文献の明記や引用のルール徹底
引用部分と自分の意見の明確な区分が求められます。
デザインや見栄え等、受け手の状況を考えた発表ができるよう指導しましょう。

発表する
調べたことを発表します。
話し手は声の大きさ、目線、発表するときの姿勢などに注意しましょう。
受け手は話し手の発表をしっかりと聞き、時間があれば
質問の時間を設けるなど児童の交流を図りましょう。

⑥評価する
活動全体を振り返り、自己評価と相互評価をします。
知りたいことが理解できたか、調べる過程に問題はなかったか、
内容が聞き手に伝わったかなどを振り返り、次回の活動につなげましょう。

調べ学習はこうした一連の流れに基づいて行うと大きな効果が得られます。
当たり前ですが手順は数回行っただけでは習得できません。
何度も何度も行うことで、子どもたち自身が活動について改善点を見出し自分なりの学習スタイルを確立します。
調べ学習を行う場合、この流れ図を掲示するなどして作業に対する見通しを持たせましょう。

図2-2　Big6 を用いた調べ学習の進め方[12]

2.7 新聞を活用した調べ学習授業演習

　本節では、問題を設定し解決に至る道筋を、新聞活用の調べ学習として演習してみましょう。

2.7.1 新聞の概要

　新聞は、社会で起きているさまざまな出来事を短い時間の中で編集し、伝えるものです。刊行頻度は日刊・週刊・月刊などで、東京版・大阪版などの地域版、国際版などの種類があります。また、マイクロフィルム、縮刷版、復刻版などの形で複製保存され、書誌情報には誌名、版、出版者名、刊行頻度が記入されます。

　紙面は大見出し、中見出し、リード、本文などで構成されています。もちろん、誌名、発行日、版、掲載ページ数も示されます（図2-3）。

　新聞記事は、引用して自分の意見を主張するための証拠（エビデンス）として使うことができます。また、過去の事件や出来事をオンライン版の新聞を使って調べることができます。各新聞社のウェブサイトや複数の情報ソースを集めたウェブサイトには、サイト内検索ができるものが多くあります。例えば、「Googleニュース」、「Yahoo！ニュース」、「ITmedia」、地方紙52新聞社のニュースと共同通信の内外ニュースを統合して提供する総合サイトである「47NEWS」などがあります。ただし、新聞記事が全てオンラインで提供されているわけではありません。

　遡及性という点で優れているのは、各新聞社のデータベース（有料）です。朝日新聞「聞蔵Ⅱビジュアル」、読売新聞「ヨミダス歴史館」、毎日新聞「毎策」、中日新聞「中日新聞・東京新聞記事検索サービス」、日本経済新聞社「日経テレコン21」などがあります。また、「G-Search」（有料）では、全国紙、地方紙、専門紙などの新聞記事を一括して検索できます。

　検索の際には、記事全体で使われている重要と思われる語や頻繁に出てくる語を使うことが大事です。このとき、同じ意味の言葉への言い換えに注意してください。例えば、東京帝大は東京帝国大学の省略語、子育て施設は子育て支援施設の省略語です。

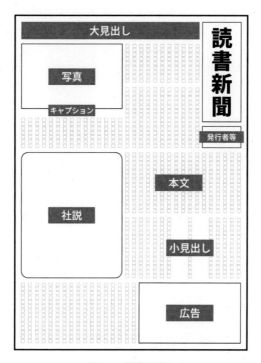

図2-3　新聞の紙面

2.7.2　発表用プレゼンテーション資料の作成

　調べ学習では、新聞記事から問題を発見し、それに関連して調べて分かったことや自分の意見を発表します。以下では、PowerPointを使ったプレゼンテーション資料作成の具体的なプロセスを解説します。

　プレゼンテーション資料の構成は、おおむね以下のようにするとよいでしょう。枚数は自由ですが、時間は長くても5分までとします。

①はじめに：調べたいと思ったわけ
②調べ方：方法や順序
③分かったこと
④おわりに：考えたことや思ったこと

⑤資料リスト

　「はじめに」と「おわりに」は呼応するようにしてください。また②は、この演習は新聞記事から問題を見つけるものなので、文献調査が基本ですが、ほかの人に意見をインタビューすることも可能です。以下のような点に注意して、プレゼンテーション資料を作成しましょう。

・目次を作る。
・PowerPoint1枚につき1つの内容とする。
・画像や図を効果的に使う。
・聞き手の視線はスライドの「左上→右上→左下→右下」というZの法則で動くことを意識する。
・配色やデザインに配慮する。
・難しい言葉は使わない。
・文献を引用する場合は、引用部分が短い場合は「」で括り書き写す。引用部分が長い場合は、本文よりも文字頭を下げて書き始める。

　また、⑤については、以下のように書誌情報の書き方を統一します。

・図書：著者名『書名』刊行年、出版社名
・図書収録論文：著者名「文書タイトル」、『書名』刊行年、出版社、該当ページ
・雑誌収録論文：著者名「文書タイトル」、『雑誌名』巻号、刊行年月、該当ページ
・新聞記事：著者名「記事タイトル」、『新聞名』刊行年月日、掲載面
・インターネット資料：著者名「当該ページのタイトル」『ウェブサイト名』ウェブサイトの最終更新日、ウェブサイト運営者、URL、［閲覧日］

2.7.3　発表

　作成したプレゼンテーション資料を使用し、発表を行います。以下に示

すプレゼンテーション発表のポイントをきちんと押さえつつ、自分なりに工夫してやってみましょう。

①大きな声でゆっくりと話しましょう

　心持ちゆっくりと大きな声で話すように心がけてください。緊張していると、自分が思っている以上に早口になったりします。ゆっくり話すことでゆとりがあるように見え、聞き手に好印象を持ってもらえます。

②アイコンタクトをしっかり取りましょう

　聞き手の中には、しっかりとうなずきながらこちらを向いて話を聞いてくれる人がいるものです。その人に語りかけるようにすると緊張もほぐれ、楽に話をすることができるでしょう。アイコンタクトは、ほかの人とも順番にまんべんなく行いましょう。

③掴みや注意喚起の質問を入れましょう

　まず、聞き手の気持ちを惹きつけるために簡単な質問をしましょう。また、利き手の気持ちが途中で離れてしまったと感じたときにも、簡単な質問を投げかけて答えてもらうと、聞き手の気持ちが自然とこちらに向くでしょう。

④心を込めて情熱を持って話しましょう

　発表者が心を込めて情熱を持って聞き手に語りかければ、聞き手は、きっと話に引き込まれるでしょう。そのためには、話す内容に自信を持つことです。独り善がりにならないように注意する必要がありますが、よくやってきたその結果を発表しているのだからと自分に酔うことも大切です。

　司書教諭は同僚の教師の前でもプレゼンテーションを求められることがあり、そういう機会に練習して場数を踏むことによって、自然に上達していきます。まずはやってみましょう。実際にやってみることによって、プレゼンテーション発表の際のポイントの一つ一つが理解できるようになります。

2.7.4　評価

（1）相互評価

　プレゼンテーションについては、図2-4のようにカード形式で簡単に相互評価を行うとよいでしょう。これにより、ほかの人の良いところを取り入れ、自分にはない視点を得ることができます。そして何より、ほかの人の考えを尊重する姿勢が生まれます。

プレゼンテーション評価票								
				学籍番号		氏名		
発表者	タイトル	1	2	3	4	5	6	取り入れたい点

図2-4　プレゼンテーション評価票

プレゼンテーション評価票の1から6は、以下のチェック項目に対応しています。それぞれに評価してみましょう。

1. プレゼンテーション資料に目次がありますか。
2. プレゼンテーション資料は1ページにつき1つのアイデアになっていますか。
3. 聞き手の視線が左上→右上→左下→右下と動くことを意識してプレゼン

テーション資料を作っていますか。

4. プレゼンテーション資料の色使いやデザインに配慮していますか。

5. プレゼンテーション資料に画像や図がある場合はそれぞれが効果的ですか。

6. プレゼンテーション資料に難解な文字を使ったり、発表において難しい言い回しをしたりしていませんか。

（2）自己評価

　最後に、自分で自分を採点してみましょう。演習で行ったことが自分にどのような変容をもたらしたのかという点に焦点を当て、今後の活動に役立てるためです。図2-5のように、簡単にチェックできるカードを使用するとよいでしょう。

```
┌─────────────────────────────────────────────────────────┐
│                      振り返りカード                          │
│                                    学籍番号                  │
│                                                            │
│                                    氏  名                   │
│                                                            │
│ テーマ「                                                 」  │
│                                                            │
│ 新聞を活用した調べ学習を振り返り、あてはまるところに○をつけてください。 │
│ ┌────────────────────────────────────────────────────┐  │
│ │ 4：とてもよくできた。 3：できた。 2：あまりできなかった。 1：できなかった。│  │
│ └────────────────────────────────────────────────────┘  │
│                                              4  3  2  1   │
│ ①自分の課題を見つけることができた。              └─┴─┴─┘   │
│                                                            │
│ ②自分に何ができるかを考えながら学習課題をつくることができた。 └─┴─┴─┘ │
│                                                            │
│ ③課題を計画どおりに進めることできた。             └─┴─┴─┘   │
│                                                            │
│ ④必要な資料をたくさん集めることができた。         └─┴─┴─┘   │
│                                                            │
│ ⑤調べたことをまとめることができた。              └─┴─┴─┘   │
│ ┌────────────────────────────────────────────────────┐  │
│ │ メモ                                                │  │
│ │                                                     │  │
│ │                                                     │  │
│ └────────────────────────────────────────────────────┘  │
└─────────────────────────────────────────────────────────┘
```

図2-5 振り返りカード

2.7.5 学習の振り返り

　現行学習指導要領では、小・中学校とも、第1章総則の「第4 指導計画の作成等に当たって配慮すべき事項」として、
「各教科等の指導に当たっては、児童生徒が学習の見通しを立てたり学習したことを振り返ったりする活動を計画的に取り入れるように工夫すること」と示されています。
　一般的に、振り返りの意義は、児童生徒が学習の達成感を感じたり、学

んだ内容の再確認をしたり、次につながる学習意欲を持つようにさせることにあります。文章でまとめる場合には、「この学習をして何が分かったのか、何ができたのか」などと視点を明確にするとよいでしょう。また、「分からなかったこと、できなかったこと」なども書かせ、次の課題を想起させることで、学習意欲の向上につながります。

　一方、教師も、指導の改善を図るために、子どもたちにどういった力が身に付いたか（学習の成果）として振り返りを行うことが重要です。授業における学習のねらいに即したものであることは言うまでもありません。

　本節の演習では、学校図書館メディアを活用できているかという点を振り返り、参照や引用をした学校図書館メディアの書誌情報を確認しておきましょう。また、児童生徒に司書教諭が問題解決プロセスを見せることができたか、児童生徒の反応を観察しておきましょう。

2.8　総合的な学習

　本節では総合的な学習という教科横断の視点から、学校図書館の年間指導計画について考えます。

2.8.1　総合的な学習の概要

　1996年の中央教育審議会第一次答申「21世紀を展望した我が国の教育の在り方について」と、1998年の教育課程審議会答申を受け、1998年の学習指導要領において、横断的・総合的な指導を行う「総合的な学習の時間」が新設されました。これは、地域や学校、児童の実態等に応じて、横断的・総合的な学習や児童の興味・関心等に基づく学習など創意工夫を生かした教育活動を行うものとされています。

　現行学習指導要領における総合的な学習は、小学校学習指導要領では、第5章の第1に目標として以下のように示されています。

「横断的・総合的な学習や探究的な学習を通して、自ら課題を見付け、自ら学び、自ら考え、主体的に判断し、よりよく問題を解決する資質や能力

を育成するとともに、学び方やものの考え方を身に付け、問題の解決や探究活動に主体的、創造的、協同的に取り組む態度を育て、自己の生き方を考えることができるようにする。」[13]

　中学校学習指導要領解説・総合的な学習の時間編の目標においては、
「探究的な学習に主体的・協働的に取り組むとともに、互いのよさを生かしながら、積極的に社会に参画しようとする態度を養う。」[14]
とされています。また、高等学校学習指導要領解説・総合的な学習の時間編の第2節では、総合的な学習の時間改訂の趣旨を
「教科等の枠を超えた横断的・総合的な学習、探究的な活動となるよう充実を図る。」[15]
としています。

　以上のように、小学校・中学校・高等学校全ての校種において「探究的な学習・探究活動・探究的な活動」という文言が明記され、総合的な学習は児童生徒が主体的に取り組む探究を中心とした学習活動であるとされています。

2.8.2　総合的な学習と学校図書館

　学校図書館は、教育課程の展開に寄与することを目的とし、学校図書館メディア活用を通して児童生徒の探究を支援する役割を担っています。では、具体的にどのような場面で支援することが効果的なのでしょうか。

　図2-6は探究的な学習における生徒の学習の姿です。学校図書館は「探求の過程を経由する」部分において、①課題の設定、②情報の収集、③整理・分析、④まとめのプロセスに深く関わるところです。前節までで学んだことを思い起こしてください。児童生徒は、学習・情報センターとしての学校図書館の機能を利活用して、これらの一連のプロセスに挑んでゆくことができるのです。

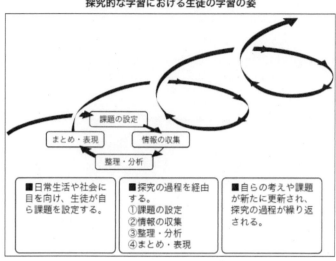

図2-6　探究的な学習における生徒の学習の姿[14]

　総合的な学習における学校図書館の役割は以下の3点に要約されます。

①探究的な学習に必要な資料の提供

　探究的な学習では、多様な資料にあたって課題の設定や情報の収集を行います。学校図書館には、多様な資料を提供し、児童生徒の探索行動を支援する役割があります。

②情報メディア活用へのステップ

　図書館学では、図書館資料は「図書資料」と「図書以外の資料」（非図書資料）とに大別されます。学校図書館では、図書だけではなく図書以外の資料からも情報を収集し整理・分析できるように、情報メディアを収集する必要があります。その上で、児童生徒にそれらの利活用について教えることが求められています。学校図書館は、児童生徒が情報メディアを適切に選択し活用する準備を行う場所でもあるのです。情報メディアの例は以下の通りです。

　・文字メディア：本、新聞、雑誌、コミック

・放送メディア：テレビ、ラジオ
・映像メディア：映画（学校図書館ではDVDを利用）、ビデオ、スライド、OHP
・音響メディア：CD、MD
・コミュニケーションメディア：電話、ポケベル、携帯電話(PHS)
・インタラクティブメディア：テレビゲーム、パソコン(CD-ROM)
・ネットワーク複合メディア：SNS通信、インターネット

③学習・情報センターへの発展

　今日、情報メディアはきわめて多方面にわたっています。学習指導上、図書以外に種々多様な教材が必要とされ、その種類や範囲が著しく広くなってきているため、学校図書館資料においても図書以外の資料の範囲が非常に広くなってきています。

　例えば、図書の内容をCDやDVDなど視聴覚資料として再現するというように、図書と図書以外の資料とは相互に密接な関連があります。これらを効果的に利用するためには、諸種の資料を相関的に利用できるよう配置・組織するとともに、所要の機材や設備の整備が必要となります。

　学校図書館には、学習・情報センターとして諸資料を総合的に管理・運営し、利用に供し得る体制が必要とされてきているのです。また、児童生徒が身近な学校図書館施設と資料を効果的に利活用するには、地域の公共図書館や文化施設の機能と役割や利用についても十分指導することが求められています。

2.8.3　総合的な学習と学校図書館の年間指導計画作成

　総合的な学習では、学校図書館の年間指導計画に、どの時期にどのような学習活動や読書活動を行うか、どのような図書資料を使用するかを具体的に記入し、反映させていくことが重要です。以下に、学校図書館の年間指導計画作成の際の留意点を挙げます。

①学校全体の教育活動との関連を示す。

②地域や学校、児童生徒の実態等に応じての活動を行う。

③日常生活との関わりを重視する。

④他者との関わりに関する視点を持つ。

⑤各教科の知識技能等を相互に関連付ける。

⑥目標やねらいを踏まえた適切な学習活動を行う。

⑦名称については、各学校において定める。

⑧道徳の時間などとの関連を考慮する。

　このような事柄に留意し、学校図書館の年間指導計画を作成してゆきましょう。

2.9　学校図書館のレファレンスサービス

　本節では学校図書館の情報サービスとレファレンスサービスについて考えます。ICT教育が学校全体で促進されている現在、学校図書館が単なる本の置き場であってはならないのは言うまでもありません。ここでは、むしろ学校図書館こそが積極的にICT環境を整え情報サービスを行うとともに、情報探索を支援するレファレンスサービスを推進する方策を提起します。

2.9.1　学校図書館の情報サービス

（1）情報サービスとは何か

　情報サービスとは、図書館の情報提供機能を具体化するサービス全般のことをいいます。レファレンスサービスを指す場合と、図書館が実施するサービス全体を指し、利用者の情報検索を援助することをいう場合があります。

　レファレンスサービスとは、「何らかの情報（源）要求を持っている図書館利用者に対し、その必要とする情報ないし情報源を効率よく入手できるように援助する図書館職員によるサービス」[16]です。具体的には、利用者と図書館の持つ情報を結び付けるために、利用者の質問に答えたり、資料

の案内をしたりします。利用者に直接情報を提供する直接サービスと、利用者に情報を提供するために掲示やウェブサイトなどの環境を整備する間接サービスとがあります。また、利用者の要求に応える受動的サービスと、あらかじめ利用者の要求を予測して準備しておく能動的サービスという区別の仕方もあります。

　情報サービスは、19世紀後半の米国で利用者援助 (aid to readers) という概念から始まり、後に、問い合わせ (refer) に答える業務としてレファレンスワークと呼ばれるようになりました。利用者援助は図書館の業務と認識され、レファレンスサービスとして組織されてきました。

　さらに、20世紀後半の情報化社会の到来により、図書館のICT化に伴い図書館全体の業務が拡張され、レファレンス情報サービス (reference and information service) から、情報サービス (information service) へと移り替わってきました。日本ではレファレンスサービス (reference service) という名称が一般的です[17]。

(2) 情報活用能力の育成

　1990年代半ばから、政治・経済・文化をはじめとするあらゆる領域で、新しい知識・情報・技術が活動の基盤となる、社会の新しい在り方が模索され、「知識基盤社会」と称されるようになりました。重要なのは、能力は個人に内在するものではなく、それが発揮される状況と切り離して考えることはできないので、環境にある資源を最大限に活用して問題を解決する能力が必要である、とされたことです。情報活用能力の育成は、そうした社会の認識があって推進されてきた事柄です。

　2020年度から順次実施される新学習指導要領では、総則において、情報活用能力を言語能力と同様に「学習の基盤となる資質・能力」と位置付けています。また、学校のICT環境整備とICTを活用した学習活動の充実に配慮し、情報活用能力の育成を図るため、各学校においてコンピュータや情報通信ネットワークなど必要な環境を整え、これらを適切に活用して学習活動の充実を図るよう明記されています。

　ここで、全校種とも総則に

「学校図書館を計画的に利用しその機能の活用を図り、児童の主体的・対話的で深い学びの実現に向けた授業改善に生かすとともに、児童の自主的、自発的な学習活動や読書活動を充実すること」
さらに
「図書館、博物館、美術館等の活用を図り、情報の収集や鑑賞等の学習活動を充実する」
と記述していることに注目する必要があります。つまり、全教科の学習指導において、主体的・対話的で深い学びを実現するために学校図書館の活用が不可欠であることを示していると言えます。

　文部科学省は、情報活用能力を以下の3つの観点から述べています[18]。

①情報活用の実践力
・課題や目的に応じた情報手段の適切な活用
・必要な情報の主体的な収集・判断・表現・処理・創造
・受け手の状況などを踏まえた発信・伝達

②情報の科学的な理解
・情報活用の基礎となる情報手段の特性の理解
・情報を適切に扱ったり、自らの情報活用を評価・改善したりするための基礎的な理論や方法の理解

③情報社会に参画する態度
・社会生活の中で情報や情報技術が果たしている役割や及ぼしている影響の理解
・情報モラルの必要性や情報に対する責任

　以上の観点から考えると、①においては特に学校図書館からの支援が必要とされることが分かります。司書教諭は、学校図書館年間指導計画に情報活用能力の育成に関する指導計画を積極的に入れてゆきましょう。

2.9.2　情報サービスの種類

　『図書館ハンドブック第6版』[19]等図書館情報学関連資料によれば、情報サービスには、レファレンスサービス、情報検索サービス、レフェラルサービスの3つがあります。以下に、それぞれについて、その内容や学校図書館でのありようを説明します。

①レファレンスサービス

　レファレンスサービスは、図書館で利用者の資料探しの相談を受けたり案内をしたりするサービスのことです。学校図書館でも同様に、児童生徒や教員からの資料探しの相談に応じます。

　学校図書館に常駐できない司書教諭が、レファレンスサービスを実施することは容易ではありません。しかし、児童生徒からの質問への回答提供や、参考書などを揃えておくレファレンスコレクションの形成、情報の探し方を教える文献の利用指導であれば、工夫次第で実現できます。

　例えば、利用指導をパンフレットにすることは一般的です。それらをウェブサイトで紹介するのもよいでしょう。また、情報検索の道しるべとしてパスファインダーを作ることもお勧めします。パスファインダーとは、知りたい情報の探し方を案内する図書館の情報サービスの一つです。紙媒体で作られる場合もありますが、今日ではデジタルで作られウェブサイト上に載っていることもあります。

②情報検索サービス

　情報検索サービスには、OPAC（Online Public Access Catalog、オンライン蔵書検索目録）や、データベースの提供サービスなどがあります。OPACで情報検索するためには、蔵書のデータベース化が必要です。蔵書がデータベース化されれば、コンピュータ処理可能な書誌情報案内の機械可読目録であるMARC(MAchine Readable Cataloging)を導入することができ、OPACを利用することができます。レファレンスサービスのように直接相談を受けて個々に紹介することを直接的なサービスといいますが、OPACやデータベースの提供は間接的なサービスです。

③レフェラルサービス

　レフェラルサービス (referral service) とは、利用者である児童生徒や教師の依頼に応じ、情報源となり得る専門機関や専門家に照会して情報を提供してもらえるよう依頼するなどのサービスを指します。

2.9.3　著作権教育と学校図書館

　2020年度に告示された新学習指導要領には、小学校の国語・道徳、中学校の国語・音楽・美術・技術・家庭・道徳、高等学校の情報において、教育内容に著作権を取り扱うことが盛り込まれています。学校での著作権教育への取り組みの重要性がより増してきていると言えます。

　学校教育においては、著作権法第35条の規定により「教育を担当している者及び授業を受ける者が授業で用いる場合」は、著作物の複製を認めています。しかし、児童生徒に著作権についての知識を知っておいてもらうことは、今日において最も重要なことの一つです。

　学校図書館は学校教育の目標に貢献する機関ですから、著作権に関する資料を提供したり、学校図書館の利用指導に盛り込んだりするのは当然のことです。そこで司書教諭は、教科の授業と連携して、学校図書館でも著作権教育を行う必要があります。特に、図書資料の複製に関することや、レポートにおける著作物の引用などは、学校図書館の利用指導等があるたびに、著作権法を踏まえた利用指導教育を行わなければなりません。参考となるのは、「日本著作権教育研究会」[20]や「日本音楽著作権協会 学校等教育機関での音楽利用」[21]などのウェブサイトです。児童生徒のみならず他の教科担当者等にも注意喚起をしてゆきましょう。

2.10　特別な支援を必要とする児童生徒への支援

　本節では、学校図書館が特別な支援を必要とする児童生徒にどのような支援ができるのか、学校図書館にはどのようなことが求められているのか

について考えます。

2.10.1　特別支援教育とは

　文部科学省による2019年の調査では、小学校・中学校において学習障害 (LD)、注意欠陥多動性障害 (ADHD)、高機能自閉症等、特別な教育的支援を必要とする児童生徒が、通常の学級に6.3％の割合で在籍しています。誰もが相互に人格と個性を尊重し支え合い、人々の多様な在り方を相互に認め合える共生社会の実現に向けて、学校図書館はどんなことができるでしょうか。

　教育基本法4条2項（教育の機会均等）で、
「国及び地方公共団体は、障害のある者が、その障害の状態に応じ、十分な教育を受けられるよう、教育上必要な支援を講じなければならない。」
と規定されています。障害は主に、（1）視覚障害、（2）聴覚障害、（3）知的障害、（4）肢体不自由、（5）病弱・身体虚弱、（6）言語障害、（7）自閉症・情緒障害、（8）LD、ADHD等をいいます。

　また、2007年には「特別支援教育」が学校教育法に位置付けられ、学校教育法第8章 特別支援教育の第72条～82条までと、学校教育法施行規則第8章 特別支援教育 第118条～第141条までに、特別支援教育についての規定があります。学校図書館においても、障害のある児童生徒への支援を充実させていく必要があります。

　一方、2016年に障害者差別解消法が施行されました。これは障害を理由とする差別を禁止するため法律で、「不当な差別的取扱いの禁止」と「合理的配慮の提供」[22]の2つが定められ、それらを実施する際の支援措置が規定されています。

2.10.2　社会的包摂戦略策定の必要性

　日本学術会議では
「1990年代初頭のバブル崩壊以降、各種の不平等を随伴させたその階層性が強調されるようになってきている。そのなかで、さまざまな局面において「弱者」に対する社会的排除の過程が昂進しつつある。」[23]

と指摘し、「教育の力で、社会的排除への趨勢をできる限り押しとどめよう」と提言しています。

　社会的排除とは、

「物質的・金銭的欠如のみならず、居住、教育、保健、社会サービス、就労などの多次元の領域において個人が排除され、社会的交流や社会参加さえも阻まれ、徐々に社会の周縁に追いやられていくことを指す」[24]

と定義されています。近年の社会的排除の一層の深刻化を受け、内閣府は、一人一人が社会のメンバーとして社会に参加し、それぞれの持つ潜在的な能力をできる限り発揮できるような社会的包摂が、重要かつ急務だとしています。

　提言に待つまでもなく、学校教育においては、憲法、教育基本法、学校教育法等で保障された、教育を受ける権利が公平に保障される必要があります。司書教諭は、その法的精神を常に認識しておくことが重要です。

2.10.3　学校図書館における合理的配慮の提供

　学校図書館は、さまざまな困難を抱えた児童生徒も利用します。合理的配慮とは、障害のある児童生徒に、それぞれの特徴や場面に応じて個別のさまざまな支援をすることです。司書教諭の場合は、障害を持つ児童生徒が障害を持たない児童生徒と同じことができるよう、学校図書館メディアの利用について配慮します。例えば、資料貸出の期間延長や点数拡大、対面朗読の提供、教室へ出張しての資料貸出の実施、また、音声説明を付加したデジタルパスファインダー（資料探しの手引）など、デジタル資料の製作と提供も考えられます。

　また、最も基本的な事柄として、学校図書館の施設・設備についても合理的配慮を考える必要があります。学校図書館が学校教育において欠くことのできない基礎的な設備であるためには、サインの改善などのバリアフリー化が必要になってきます。司書教諭は、以下に示すユニバーサルデザインにおける7つの原則[1]を知っておきましょう。

---

1. 米国ノースカロライナ州立大学ユニバーサルデザインセンター (Center for Universal Design) のロナルド・メイスにより、1985年に公式に提唱された。

＜ユニバーサルデザインにおける７つの原則＞

原則１：公平な利用

　　どのようなグループに属する利用者にとっても有益であり、利用可能であるように。

原則２：利用における柔軟性

　　幅広い人たちの好みや能力に有効であるように。

原則３：単純で直観的な利用

　　理解が容易であり、利用者の経験や、知識、言語力、集中の程度などに依存しないように。

原則４：分かりやすい情報

　　周囲の状況あるいは利用者の感覚能力に関係なく利用者に必要な情報が効果的に伝わるように。

原則５：間違いに対する寛容さ

　　危険な状態や予期あるいは意図しない操作による不都合な結果は、最小限におさえるように。

原則６：身体的負担は少なく

　　能率的で快適であり、そして疲れないように。

原則７：接近や利用に際する大きさと広さ

　　利用者の体の大きさや姿勢、移動能力に関わらず近寄ったり手が届いたり手作業したりすることができるように。

　また、基礎的な備品として、書見台、拡大鏡、拡大読書器、音声読書器、デジタル録音図書専用の端末であるDAISY、タブレット端末、PCなどの読書補助具・支援機器を整備し、点字資料や朗読を録音したオーディオブックなどのバリアフリー資料、拡大文字資料（大活字本、拡大写本）、触る絵本、手話絵本、布の絵本、写真や絵文字などで構成されたLLブックなどを資料として収集・提供するようにしましょう。

2.11　今後の学校図書館における学習指導の課題と展望

本節では、教科書とは何か、教材とは何かという観点から、学校教育における学校図書館の役割と使命について考えます。また、2017年度からの新学習指導要領において掲げられたカリキュラム・マネジメントについても学校図書館の役割から整理します。その上で、司書教諭の教育課程経営への参画という視点をもって、学校経営と学校図書館の今後の展望と学校図書館における学習指導の今後の課題について考えます。

2.11.1　教科書・教材とは何か

学校教育法第21条〔教科用図書・教材〕では、
「小学校においては、文部科学大臣の検定を経た教科用図書又は文部科学省が著作の名義を有する教育用図書を使用しなければならない。」(中学校・高等学校も同じ)
と示されています。一方、学校図書館法第2条1項では、
「図書、視覚聴覚教育の資料その他学校教育に必要な資料を収集し、整理し、及び保存し、これを児童又は生徒及び教員の利用に供することによって、学校の教育課程の展開に寄与するとともに、児童又は生徒の健全な教養を育成すること」
と、教育課程の展開つまり授業での資料の使用に関する文言が記され、教科書以外の資料を活用することが示唆されています。言い換えれば教科で使用する教材も教科書であるということです。

2.11.2　司書教諭の学校経営への参画

カリキュラム・マネジメントという用語がはじめて文部科学省の文書に現れたのは、2014年の中央教育審議会答申[25]です。さらに、2016年12月に出された学習指導要領改訂に向けた中央教育審議会答申では、
「各学校には、学習指導要領等を受け止めつつ、子供たちの姿や地域の実情等を踏まえて、各学校が設定する学校教育目標を実現するために、学習

指導要領等に基づき教育課程を編成し、それを実施・評価し改善していくことが求められる。これが、いわゆる「カリキュラム・マネジメント」である。」[26]
とその定義が示されています。

　また、2017年告示・2018年改定の学習指導要領にも、カリキュラム・マネジメントという言葉が取り上げられています。そこでは、各学校が教育目標を実現するために教育課程を計画的かつ組織的に編成・実施・評価すること、教育の質を向上するために教科横断的・自発的な学習進めてゆくことが課題となっています。

　これを受けて、学校図書館経営をつかさどる司書教諭ができることは以下の3つです。

①学校図書館活用年間計画に教科横断的な視点を設けること。
②学校図書館活用による教育効果を機会あるごとにPRし、コーディネーターとして教科と学校図書館をつなぐことを意識的に行うこと。
③司書教諭として活動する時間を確保するために、学校経営の企画会議に参加できる職位（例えば主幹教諭となる）を得る努力をすること。

　学校図書館活用が学校の教育改善や教育の質の向上に効果的であることを教職員全員に発信してゆくには、司書教諭は③に示したように、学校経営の中核である教育課程経営において教科横断的なカリキュラム・マネジメントを意識し、学校図書館活用を呼びかける必要があるのです。

2.11.3　学校図書館における学習指導の課題

　司書教諭は、情報リテラシーを培うスキルとして、児童生徒に学校図書館活用を教えることが大切です。情報リテラシーは、本書で学んできた読書センター・学習センター・情報センターという学校図書館の3つの機能を活用することで培うことができます。

　前述したように、2020年度から順次実施される新学習指導要領では、総則において、情報活用能力を言語能力と同様に「学習の基盤となる資質・

能力」と位置付けています。また、学校のICT環境整備とICTを活用した学習活動の充実に配慮し、情報活用能力の育成を図るため、各学校においてコンピュータや情報通信ネットワークなどの情報手段を活用するために必要な環境を整え、これらを適切に活用した学習活動の充実を図るよう配慮することを明記しています。さらに、以下の6点に留意して取り組むことが重要だとされています。

①児童生徒に求められる資質・能力を育成することを目指した授業改善の取り組みは、既に小・中学校を中心に多くの実践が積み重ねられており、特に義務教育段階はこれまで地道に取り組まれ蓄積されてきた実践を否定し、全く異なる指導方法を導入しなければならないと捉える必要はないこと。

②授業の方法や技術の改善のみを意図するものではなく、児童生徒に目指す資質・能力を育むために「主体的な学び」、「対話的な学び」、「深い学び」の視点で、授業改善を進めるものであること。

③各教科等において通常行われている学習活動（言語活動、観察・実験、問題解決的な学習など）の質を向上させることを主眼とするものであること。

④1回1回の授業で全ての学びが実現されるものではなく、単元や題材など内容や時間のまとまりの中で、学習を見通し振り返る場面をどこに設定するか、グループなどで対話する場面をどこに設定するか、児童生徒が考える場面と教師が教える場面をどのように組み立てるかを考え、実現を図っていくものであること。

⑤深い学びの鍵として「見方・考え方」を働かせることが重要になること。各教科等の「見方・考え方」は、「どのような視点で物事を捉え、どのような考え方で思考していくのか」というその教科等ならではの物事を捉える視点や考え方である。各教科等を学ぶ本質的な意義の中核をなすものであり、教科等の学習と社会をつなぐものであることから、児童生徒が学習や人生において「見方・考え方」を自在に働かせることができるようにすることにこそ、教師の専門性が発揮されることが求められること。

⑥基礎的・基本的な知識および技能の習得に課題がある場合には、その確

実な習得を図ることを重視すること。

「主体的・対話的で深い学び」で目指しているのは、答えの決まっていない課題、経験したことのない未知の事象にも対応できる問題解決能力を培っていくことです。学校図書館では、教科書以外の資料を提供し、児童生徒が個人で、また他と協働して問題に取り組むプロセスを教えます。あらかじめ分かっていることを押し付けるのではありません。

学校図書館での学習は独立した科目ではないため、他教科と協働あるいは統合して、学校図書館の活用を教えてゆく必要があります。前項で述べたように、各学校が設定する学校教育目標を実現するために、学習指導要領等に基づき教育課程を編成し、それを実施・評価し改善していく、教科横断的なカリキュラム・マネジメントの考え方が必要になってきます。司書教諭は学校経営を掌るという職務を担っていますので、学校図書館だけではなく、学校教育全体を見て、学校教育の充実を図り、学校教育目標の実現に貢献することが重要なのです。

また、電子書籍システムの導入と利活用は、今後の学校図書館経営の課題となるでしょう。そこで、司書教諭は、先進的な電子書籍利用モデル[27]の事例に倣い、それぞれの学校の事情を勘案しながら、それらを検討することが重要です。実際に導入されている学校用電子書籍システムは、2021年現在の時点では、中学校・高等学校向けの定額制の電子図書館サービス「School e-Library」、クラウド型システムの「LibrariE」、公共図書館で導入されることの多い「OverDrive」の3つです。

高等教育機関である大学に進学すれば、当たり前のように電子書籍やオンライン資料からの知識を得て自己の意見を発表する必要に迫られます。したがって、昨今の大きな流れである電子書籍システムの導入と利活用は、今後の学校図書館経営の課題となるでしょう。

参考文献

第1章

[1] 全国学校図書館協議会『学校図書館五〇年史』編集委員会編，『学校図書館五〇年史』2004，全国学校図書館協議会，pp.17-36.

[2] 「資料4　新学習指導要領における「読書活動」「学校図書館」に関連する主な記述について」『文部科学省』.
https://www.mext.go.jp/a_menu/shotou/dokusho/meeting/08030612/002.htm
（参照 2021.1.23）
2019 年に改訂された高等学校学習指導要領も同じ。

[3] 読書教育研究会編『読書教育通論──児童生徒の読書活動』1995，学芸図書，p.46.

[4] デューイ著，宮原誠一訳『学校と社会』，1957，岩波書店.

[5] アメリカスクールライブラリアン協会編『アメリカの学校図書館基準』1966，全国学校図書館協議会.

[6] アメリカ・スクール・ライブラリアン協会編，全国 SLA 海外資料委員会訳，渡辺信一，平久江祐司，柳勝文監訳『21 世紀を生きる学習者のための活動基準』2010，全国学校図書館協議会.

[7] 「「司書教諭」と「学校司書」及び「司書」に関する制度上の比較」『文部科学省』2015.
https://www.mext.go.jp/a_menu/shotou/dokusho/sisyo/1360933.htm（参照 2021.1.23）

[8] 「司書教諭とは？」『公益社団法人全国学校図書館協議会』.
https://www.j-sla.or.jp/new-shishokyoyu/sisyokyouyutoha.html（参照 2021.1.23）

[9] 「学校司書とは？」『公益社団法人全国学校図書館協議会』.
https://www.j-sla.or.jp/new-shishokyoyu/gakkousishotoha.html（参照 2021.1.23）

[10] 「別添1「学校図書館ガイドライン」」『文部科学省』2016.
https://www.mext.go.jp/a_menu/shotou/dokusho/link/1380599.htm（参照 2021.1.23）

[11] 「小学校学習指導要領（平成 29 年告示）解説」，『文部科学省』2017，pp.50-51.
https://www.mext.go.jp/component/a_menu/education/micro_detail/__icsFiles/
afieldfile/2019/03/18/1387017_001.pdf
（参照 2021.1.23）

[12] 「著作権法（昭和四十五年法律第四十八号）」『e-Gov 法令検索』.

https://elaws.e-gov.go.jp/search/elawsSearch/elaws_search/lsg0500/
detail?lawId=345AC0000000048（参照 2021.1.23）

[13]「子どもの読書活動推進ホームページ　優秀実践校一覧及びその活動内容（平成13年度）-2」『文部科学省』.
https://www.mext.go.jp/a_menu/sports/dokusyo/shoukai/cont_003/002.htm
（参照 2021.1.23.）

[14]『東京都立砂川高等学校 図書室』
http://www.sunagawa-h.metro.tokyo.jp/tosho/index.html（参照 2021.1.23.）

[15]「学校図書館評価基準」『公益社団法人全国学校図書館協議会』2008.
https://www.j-sla.or.jp/material/kijun/post-44.html（参照 2021.1.23）

[16] 荒川区教育委員会「平成27年度 荒川区教育委員会主要施策に関する点検・評価報告書」
2016.

[17] 文部省編『学校図書館運営の手びき』1959，明治図書.

[18] 柴田笑子「次年度に生きる図書館活動を！」，『学校図書館』No.665，2006，pp.77-79.

[19] 柴田笑子「評価が生きる学校図書館教育を」，『学校図書館』No.701，2009，pp.23-24.

[20]「16. 学校図書館の活性化推進総合事業（新規）」『文部科学省』.
https://www.mext.go.jp/a_menu/hyouka/kekka/08100105/004/016.htm（参照 2021.1.23）

[21]「学校図書館における電子書籍の利用モデルの構築報告書」『公益社団法人全国学校図書館協議会』.
https://aebs.or.jp/pdf/School_library_e-book_usage_model_report.pdf（参照 2021.1.23）

[22]「LibrariEの可能性〜電子図書館を活用した学校教育の未来（8）芝浦工業大附属中高校の事例」『教育新聞』，2018.7.22.
https://www.kyobun.co.jp/education-practice/p20180722/（参照 2021.1.23）

第2章

[1] 文部科学省「学習指導要領の変遷」2013.1.29.
https://www.mext.go.jp/component/a_menu/education/micro_detail/__icsFiles/
afieldfile/2019/02/18/1304360_001.pdf（参照 2021.1.23.）

[2]「教育基本法（平成十八年法律第百二十号）」『e-Gov 法令検索』
https://elaws.e-gov.go.jp/document?lawid=418AC0000000120（参照 2021.1.23.）

[3] 今野喜清，新井郁男，児島邦宏編『第3版 学校教育辞典』2014，教育出版.

[4] 中央教育審議会「学校教育、義務教育等に関する主な提言事項　学校教育　役割全般」1971.
https://www.mext.go.jp/b_menu/shingi/chukyo/chukyo8/gijiroku/020502i.htm
（参照 2021.1.23）

[5]「学校図書館憲章」『全国学校図書館協議会』.
https://www.j-sla.or.jp/material/sla/post-33.html（参照 2021.1.23）

[6]「ユネスコ学校図書館宣言」『東京学芸大学学校図書館運営専門委員会 先生のための授業に役立つ学校図書館活用データベース』.
http://www.u-gakugei.ac.jp/~schoolib/htdocs/?action=common_download_main&upload_id=6793（参照 2021.1.23）

[7] マリア・モンセラット・サルト著，新田恵子監修『読書へのアニマシオン75の作戦』2001，柏書房.

[8]「1. 学校図書館の位置付けと機能・役割」『文部科学省』.
https://www.mext.go.jp/a_menu/shotou/dokusho/meeting/08092920/1282744.htm
（参照.2021.1.23）

[9]「生きる力」『文部科学省』2010，p.7.
https://www.mext.go.jp/a_menu/shotou/new-cs/pamphlet/__icsFiles/afieldfile/2011/07/26/1234786_1.pdf（参照 2021.1.23）

[10]「情報資源を活用する学びの指導体系表」『公益社団法人全国学校図書館協議会』2019.
http://sla.gr.jp/~fukuoka/pdf/20190101manabinosidoutaikeihyou.pdf（参照 2021.1.23）

[11]『The Big6』.
https://thebig6.org/（参照 2021.1.23）

[12]「書籍・教材紹介「Big6を用いた調べ学習の進め方」」『ICT教育推進研究所』.
http://www.ict-suisin.net/ict/Big6.pdf（参照 2021.1.23）

[13]「学習指導要領「生きる力」　第5章　総合的な学習の時間」『文部科学省』.
https://www.mext.go.jp/a_menu/shotou/new-cs/youryou/syo/sougou.htm
（参照 2021.1.23）

[14]「中学校学習指導要領（平成29年告示）解説　総合的な学習の時間編」『文部科学省』2017.
https://www.mext.go.jp/component/a_menu/education/micro_detail/__icsFiles/

afieldfile/2019/03/18/1387018_012.pdf（参照 2021.1.23）

[15]「高等学校学習指導要領解説　総合的な学習の時間編」『文部科学省』2009.
https://www.mext.go.jp/component/a_menu/education/micro_detail/__icsFiles/
afieldfile/2010/01/29/1282000_19.pdf（参照 2021.1.23）

[16] 長澤雅男『問題解決のためのレファレンス・サービス』2007，日本図書館協会.

[17]「シリーズ学校図書館学」編集委員会編『学習指導と学校図書館』2010，全国学校図書
館協議会.

[18]「情報活用能力について」『文部科学省』.
https://www.mext.go.jp/component/a_menu/education/detail/__icsFiles/afieldfile/2012/
06/15/1322132_3_1.pdf（参照 2021.1.23）

[19] 日本図書館協会図書館ハンドブック編集委員会編『図書館ハンドブック第6版』2016,
公益社団法人日本図書館協会.

[20]『一般社団法人日本著作権教育研究会』.
https://www.jcea.info/（参照 2021.1.23）

[21]「学校等教育機関での音楽利用」『一般社団法人日本音楽著作権協会』.
https://www.jasrac.or.jp/info/school/index.html（参照 2021.1.23）

[22]「「合理的配慮」を知っていますか？」『内閣府』
https://www8.cao.go.jp/shougai/suishin/pdf/gouriteki_hairyo/print.pdf（参照 2021.1.23）

[23] 日本学術会議 心理学・教育学委員会 排除・包摂と教育分科会「提言　すべての人に無償
の普通教育を　多様な市民の教育システムへの包摂に向けて」『日本学術会議』2020.
http://www.scj.go.jp/ja/info/kohyo/pdf/kohyo-24-t295-2.pdf（参照 2021.1.23）

[24] 社会的排除リスク調査チーム「社会的排除にいたるプロセス〜若年ケース・スタディか
ら見る排除の過程〜」『厚生労働省』2012.
https://www.mhlw.go.jp/stf/shingi/2r9852000002kvtw-att/2r9852000002kw5m.pdf
（参照 2021.1.23）

[25] 中央教育審議会「初等中等教育における教育課程の基準等の在り方について（諮問）」『文
部科学省』2014.
http://www.mext.go.jp/b_menu/shingi/chukyo/chukyo0/toushin/1353440.htm
（参照 2021.1.23）

[26] 中央教育審議会「幼稚園、小学校、中学校、高等学校及び特別支援学校の学習指導要領

等の改善及び必要な方策等について（答申）」『文部科学省』2016.
https://www.mext.go.jp/b_menu/shingi/chukyo/chukyo0/toushin/__icsFiles/afieldfile/
2017/01/10/1380902_0.pdf
（参照 2021.1.23）

[27] 一般社団法人電子書出版制作・流通協議会 専修大学電子書籍研究プロジェクト「学校図書館における電子書籍の利用モデルの構築　報告書」『電子書出版制作・流通協議会』2017.
https://aebs.or.jp/pdf/School_library_e-book_usage_model_report.pdf
（参照 2021.1.23）

索引

著者紹介

西巻 悦子 (にしまき えつこ)

1974年から2010年まで東京都立高等学校国語科教諭

2003年　東京学芸大学大学院教育学研究科修士課程修了　教育学修士

2003年から司書教諭、2008年から主幹教諭を兼任

2016年　筑波大学大学院図書館情報メディア研究科後期博士課程単位取得満期退学

現　在　昭和女子大学非常勤講師、早稲田大学非常勤講師、秋草学園短期大学非常勤講師

所属学会

日本図書館情報学会

日本学校図書館学会

International Association of School Librarianship

特定非営利活動法人 大学図書館支援機構

◎本書スタッフ

マネージャー：大塚 浩昭

編集長：石井 沙知

図表製作協力：菊池 周二

表紙デザイン：tplot.inc 中沢 岳志

技術開発・システム支援：インプレスR&D NextPublishingセンター

●**本書の内容についてのお問い合わせ先**

近代科学社Digital　メール窓口

kdd-info@kindaikagaku.co.jp

件名に「『本書名』問い合わせ係」と明記してお送りください。

電話やFAX、郵便でのご質問にはお答えできません。返信までには、しばらくお時間をいただく場合があります。なお、本書の範囲を超えるご質問にはお答えしかねますので、あらかじめご了承ください。

学校図書館の役割と使命

学校経営・学習指導にどう関わるか

2021年3月12日　初版発行Ver.1.0

著　者　西巻 悦子

発行人　井芹 昌信

発　行　近代科学社Digital

販　売　株式会社近代科学社
　　　　〒162-0843
　　　　東京都新宿区市谷田町2-7-15
　　　　https://www.kindaikagaku.co.jp

印刷・製本　京葉流通倉庫株式会社
Printed in Japan

ISBN978-4-7649-6019-0

近代科学社 Digital は、株式会社近代科学社が推進する21世紀型の理工系出版レーベルです。デジタルパワーを積極活用することで、オンデマンド型のスピーディで持続可能な出版モデルを提案します。

近代科学社Digitalは株式会社インプレスR&Dのデジタルファースト出版プラットフォーム "NextPublishing" との協業で実現しています。